AF393521

Psychische Erkrankungen im Pflegealltag: Leitfaden für die Altenpflege

Praxisnahe Strategien und fundiertes Wissen über Depression, Demenz, Angst und Schizophrenie im Pflegealltag

Foto von National Cancer Institute auf Unsplash

Herausgegeben von: Holger Kiefer
(https://heil-weg.de)
Verlagslabel: Heil-Weg-Verlag
ISBN:
Softcover 978-3-384-38826-1
Hardcover 978-3-384-38827-8
E-Book 9783759261069
Druck und Distribution im Auftrag :
tredition GmbH, Heinz-Beusen-Stieg 5, 22926 Ahrensburg, Germany
Das Werk, einschließlich seiner Teile, ist urheberrechtlich geschützt. Für die Inhalte ist der Autor selbst verantwortlich. Jede Verwertung ist ohne Zustimmung unzulässig. Die Publikation und Verbreitung erfolgen im Auftrag des Autors, zu erreichen unter: tredition GmbH, Abteilung "Impressumservice", Heinz-Beusen-Stieg 5, 22926 Ahrensburg, Deutschland.

Inhaltsverzeichnis

Vorwort

Liebe Leserinnen und Leser,

mit großer Freude präsentiere ich Ihnen dieses Buch, das sich dem wichtigen Thema der psychischen Erkrankungen im Alter widmet. In einer Zeit, in der die Gesellschaft zunehmend auf die Bedürfnisse und Herausforderungen älterer Menschen aufmerksam wird, ist es von entscheidender Bedeutung, das Verständnis für psychische Erkrankungen in dieser Altersgruppe zu vertiefen.

In den folgenden Kapiteln werden wir die Grundlagen psychischer Erkrankungen, ihre häufigsten Formen im Alter und die damit verbundenen Herausforderungen in der Pflege beleuchten. Dabei liegt unser Augenmerk nicht nur auf der Identifikation und Diagnostik, sondern auch auf den praktischen Ansätzen zur Unterstützung und Pflege älterer Menschen mit psychischen Erkrankungen.

Es ist mein Ziel, Pflegekräften, Angehörigen und allen Interessierten wertvolle Informationen und Handlungsempfehlungen an die Hand zu geben. Das Verständnis für psychische Erkrankungen ist entscheidend, um das Wohlbefinden und die Lebensqualität älterer Menschen zu fördern. Wir dürfen nicht vergessen, dass hinter jeder Diagnose ein Mensch mit individuellen Bedürfnissen, Ängsten und Hoffnungen steht.

Ich lade Sie ein, sich mit den Inhalten dieses Buches auseinanderzusetzen, zu reflektieren und das Gelernte in Ihren Alltag zu integrieren. Gemeinsam können wir dazu beitragen, dass ältere Menschen die Unterstützung erhalten, die sie verdienen, und dass Stigmatisierung und Vorurteile abgebaut werden.

Ich danke Ihnen für Ihr Interesse und Ihr Engagement, dieses wichtige Thema voranzubringen.

Herzlichst, Dozent und Coach Holger Kiefer

Kapitel 1: Grundlagen psychischer Erkrankungen

1. Definition von psychischen Erkrankungen

- Was ist eine psychische Erkrankung?

- Psychische Erkrankungen beziehen sich auf eine Vielzahl von Zuständen, die die Gedanken, Gefühle, das Verhalten und die Wahrnehmung der Realität beeinflussen. Sie umfassen Störungen wie Depressionen, Angststörungen, Schizophrenie, bipolare Störungen und mehr.

Nach ICD 10:
F00–F09 Organische, einschließlich symptomatischer psychischer Störungen
F10–F19 Psychische und Verhaltensstörungen durch psychotrope Substanzen
F20–F29 Schizophrenie, schizotype und wahnhafte Störungen
F30–F39 Affektive Störungen
F40–F48 Neurotische, Belastungs- und somatoforme Störungen
F50–F59 Verhaltensauffälligkeiten mit körperlichen Störungen und Faktoren
F60–F69 Persönlichkeits- und Verhaltensstörungen
F70–F79 Intelligenzminderung
F80–F89 Entwicklungsstörungen
F90–F98 Verhaltens- und emotionale Störungen mit Beginn in der Kindheit und Jugend
F99 Nicht näher bezeichnete psychische Störungen
Störungen ohne eindeutige Klassifikation im ICD-10

- Wichtige Aspekte

- Emotionale und kognitive Beeinträchtigungen.
- Funktionsstörungen im Alltag.
- Psychische Erkrankungen sind keine Schwäche, sondern medizinische Zustände, die behandelt werden können.

- Relevanz für die Altenpflege

- Psychische Erkrankungen sind im Alter häufig und beeinflussen das Pflegeverhalten und den Pflegebedarf. Das Wissen über sie hilft in der Altenpflege, besser auf die Bedürfnisse der Patienten einzugehen.

2. Stigmatisierung psychischer Erkrankungen

Was bedeutet Stigmatisierung?

- Stigmatisierung bezeichnet die negative Bewertung oder Diskriminierung von Menschen aufgrund ihrer psychischen Gesundheit. Dies kann auf Missverständnissen oder Vorurteilen basieren.

- Beispiele für Stigma
- „Psychische Erkrankungen sind ein Zeichen von Schwäche."
- „Wer psychisch krank ist, kann nicht mehr rational handeln."

- Auswirkungen des Stigmas
- Verhindert, dass Betroffene Hilfe suchen (z.B. Angst vor Vorurteilen).
- Belastet Pflegebeziehungen, wenn Pflegerinnen oder Angehörige die Probleme nicht ernst nehmen.

3. Prävalenz psychischer Erkrankungen im Alter

- Häufigkeit psychischer Erkrankungen, insbesondere im Alter

In welchem Alter sind Menschen durch psychische Erkrankungen besonders häufig betroffen?

Die einzelnen Angaben unterscheiden sich je nach Erstellung der Statistik leicht, zeigen jedoch die Tendenz auf. In Deutschland sind jedes Jahr 27,8 % der erwachsenen Bevölkerung von einer psychischen Erkrankung betroffen. Das entspricht rund 17,8 Millionen betroffenen Personen, von denen pro Jahr nur 18,9 % Kontakt zu Behandlerinnen und Behandlern aufnehmen.

Bevölkerung mit psychischen Erkrankungen (%) 27,8 %
Bevölkerung mit psychischen Erkrankungen (Personen) 17,8 Millionen
Anteil derer, die Behandler kontaktieren (%) 18,9 %
Anteil derer, die Behandler kontaktieren (Personen)≈ 3,37 Millionen

Zu den häufigsten psychischen Erkrankungen zählen in Deutschland Angststörungen (15,4 %), gefolgt von affektiven Störungen (9,8 %, davon allein die unipolare Depression: 8,2 %) und Störungen durch Alkohol- oder Medikamentenkonsum (5,7 %).
Quelle: Deutsche Gesellschaft für Psychiatrie und Psychotherapie, Psychosomatik und Nervenheilkunde e. V.

Der Bereich der psychischen Erkrankungen (ICD-10 F00-F99) hat in den letzten zehn Jahren für die Arbeitswelt erheblich an Bedeutung gewonnen. Anders als noch in den frühen 2000er Jahren, in denen Beschäftigungslose überproportional von psychischen Diagnosen betroffen waren, sind es im letzten Jahrzehnt die Berufstätigen, bei denen psychisch bedingte Fehlzeiten auffällig zunehmen.

Das Auftreten einer psychischen Erkrankung korreliert mit verschiedenen sozioökonomischen Aspekten wie dem Alter, dem Geschlecht oder der beruflichen Tätigkeit. So sind beispielsweise **soziale und hauswirtschaftliche Berufe sowie medizinische Gesundheitsberufe häufiger betroffen**. Zudem leiden bereits Kinder und Jugendliche unter psychischen Gesundheitsproblemen: Laut Daten der DAK ist das psychische Wohlbefinden bei Schulkindern deutschlandweit im Durchschnitt eher mittelmäßig ausgeprägt.

Wer ist im Detail betroffen?
Die psychischen Belastungen von Erwerbspersonen divergieren stark zwischen den Geschlechtern, Altersgruppen und verschiedenen Berufen. Frauen sind beispielsweise deutlich häufiger betroffen als Männer:
- So kamen bei Frauen auf 100 Versichertenjahre durchschnittlich rund 407 AU-Tage aufgrund psychischer Erkrankungen und bei den Männern knapp über 233 AU-Tage.
- Hinsichtlich des Alters sticht die Gruppe der Mitte dreißig bis Mitte fünfzig Jährigen heraus.

Im Jahr 2023 belief sich der Anteil der **Arbeitsunfähigkeitstage aufgrund von psychischen Erkrankungen bei den 40- bis 44-Jährigen auf rund 17,4 Prozent**. Außerdem scheinen **Beschäftigte im Sozial- und Gesundheitswesen** besonders belastet zu sein.
- Vor allem die Anzahl der Krankschreibungen aufgrund eines Burn-out-Syndroms (Z73) verzeichnen seit dem Jahr 2004 einen rasanten Anstieg. So war die Anzahl an Krankschreibungen durch Burn-Out im Jahr 2021 neunzehnmal höher als noch im Jahr 2004.

Die Zahlen unterstreichen die gestiegene Bedeutung psychischer Erkrankungen und die Entwicklung hin zu einem der bedeutendsten gesellschaftlichen Krankheitsbilder und einem der wichtigsten Faktoren für Arbeitsunfähigkeit.

Anteil der Arbeitsunfähigkeitstage von DAK-Versicherten aufgrund von psychischen Erkrankungen nach Altersgruppen in den Jahren 2021 bis 2023

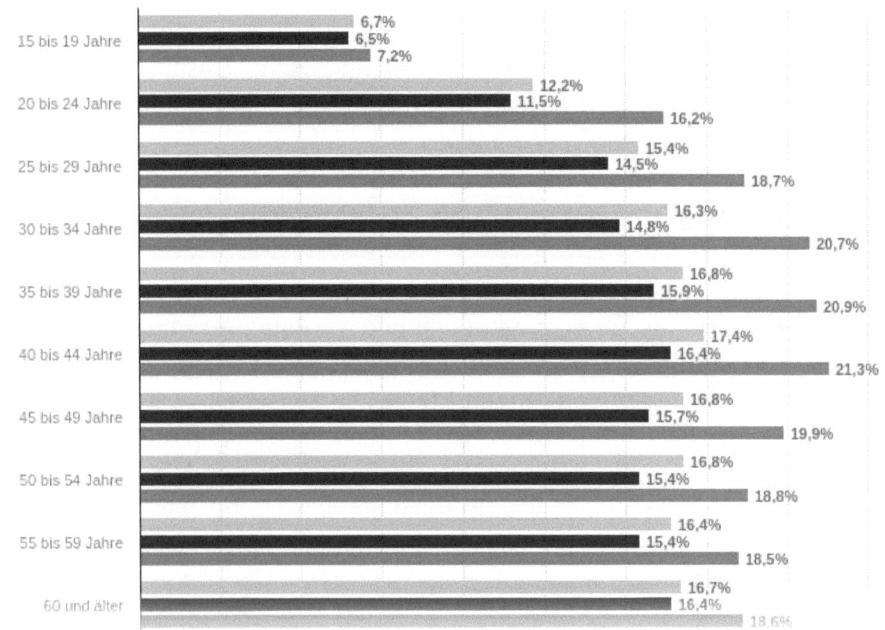

Quelle:
https://de.statista.com/themen/1318/psychische-erkrankungen/#topicOvervi
ew

Im Gesamtbeobachtungszeitraum zeigten sich Ungleichheiten zwischen einzelnen Bevölkerungs-
gruppen: Frauen, jüngere Menschen und niedrigere Bildungsgruppen zeigten schlechtere Werte
als Männer, ältere Menschen und höhere Bildungsgruppen [4].
Quelle:
https://www.dgppn.de/_Resources/Persistent/3067cbcf50e837c89e2e9307ce
cea8cc901f6da8/DGPPN_Factsheet_Kennzahlen.pdf

Psychische Erkrankungen bereits in der Jugend

Hinweisen will ich an dieser Stelle auf psychische Erkrankungen bei Jugendlichen aus dem Grund, da sie den Zustand unserer Gesellschaft aufzeigen und einen entscheidenden Ausblick auf die zukünftigen Entwicklungen in der Altenpflege bieten.
Psychische Erkrankungen wurden 2020 bei **18 % der Krankenhausbehandlungen von 15- bis 24-Jährigen** diagnostiziert

Zahl der Woche Nr. 32 vom 9. August 2022
WIESBADEN – Psychische Erkrankungen und Verhaltensstörungen waren im Jahr 2020 die häufigste Ursache für stationäre Krankenhausbehandlungen von jungen Menschen zwischen 15 und 24 Jahren. 147 000 der 829 400 Krankenhauspatientinnen und -patienten in dieser Altersgruppe wurden aufgrund dessen stationär behandelt. Das waren knapp 18 % aller Krankenhausbehandlungen bei den 15- bis 24-Jährigen, wie das Statistische Bundesamt (Destatis) im Rahmen einer Themenreihe zum Europäischen Jahr der Jugend mitteilt.

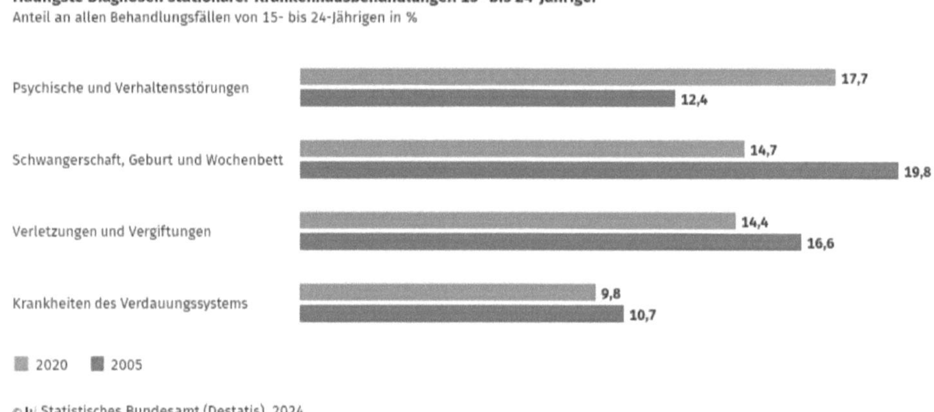

Hinter den psychischen Erkrankungen folgten Schwangerschaft, Geburt und Wochenbett (15 %), Verletzungen und Vergiftungen (14 %) sowie

Krankheiten des Verdauungssystems (10 %) als häufigste Gründe für Krankenhausaufenthalte junger Menschen im Jahr 2020.

Anteil psychischer Krankheiten an allen Behandlungen von 15- bis 24-Jährigen binnen 15 Jahren von 12 % auf 18 % gestiegen

Die Zahl stationärer Behandlungen von 15- bis 24-Jährigen aufgrund psychischer Krankheiten ist 2020 gegenüber dem Vor-Corona-Niveau des Jahres 2019 (169 500 Fälle) um rund 13 % zurückgegangen – und damit genauso stark gesunken wie die Zahl der Krankenhausbehandlungen 2020 insgesamt. Innerhalb von 15 Jahren haben die stationären Behandlungen junger Patientinnen und Patienten mit psychischen Krankheiten und Verhaltensstörungen jedoch zugenommen. Im Jahr 2005 wurden 135 100 junge Menschen zwischen 15 und 24 Jahren wegen psychischer Krankheiten stationär behandelt. Diese waren damals noch der dritthäufigste Behandlungsgrund. Ihr Anteil an allen Krankenhausbehandlungen junger Patientinnen und Patienten ist innerhalb von 15 Jahren von gut 12 % auf knapp 18 % gestiegen.

Psychisch erkrankte 15- bis 24-Jährige am häufigsten wegen Depression behandelt

Auf tiefer gegliederter Diagnoseebene war die sogenannte depressive Episode 2020 der häufigste Behandlungsgrund für 15- bis 24-Jährige (23 200 Fälle). Zu den psychischen Erkrankungen und Verhaltensstörungen zählen auch solche, die durch Alkohol bedingt sind. Sie umfassen unter anderem Folgen von Alkoholmissbrauch und akuten Alkoholvergiftungen wie Abhängigkeits- oder Entzugssyndrome. Unter den psychischen und Verhaltensstörungen waren diejenigen durch Alkohol mit 19 300 Behandlungsfällen die zweithäufigste Diagnose für 15- bis 24-Jährige. In weiteren 15 300 Fällen wurden wiederkehrende depressive Störungen bei 15- bis 24-Jährigen behandelt. Diese sind durch wiederholte depressive Episoden gekennzeichnet und waren 2020 die dritthäufigste Diagnose unter den psychischen Erkrankungen und Verhaltensstörungen junger Menschen.

Quelle: https://www.destatis.de/DE/Presse/Pressemitteilungen/Zahl-der-Woche/2022/PD22_32_p002.html

- Statistiken und Besonderheiten im Alter

Eine deutschlandweite Studie des Robert Koch-Instituts zeigt für die 65- bis 79-Jährigen, dass etwa ein Fünftel dieser Altersgruppe unter mindestens einer der 25 untersuchten psychischen Erkrankungen leidet (12-Monatsprävalenz), wobei dementielle Erkrankungen, Persönlichkeitsstörungen und Entwicklungsstörungen nicht erfasst wurden. Angststörungen machten bei der Studie des Robert Koch-Instituts mit Abstand den größten Anteil an psychischen Erkrankungen im Alter aus, gefolgt von Suchterkrankungen und affektiven Störungen, zu denen auch die Depression gehört [Jacobi et al. 2014].
In wie weit diese Zahlen sich noch erhöht haben, kann ich auf Grund fehlender Daten nicht sagen. Jedoch dürften die Maßnahmen der Corona-Plandemie die Anzahl der Depressionen sprunghaft angestiegen sein.

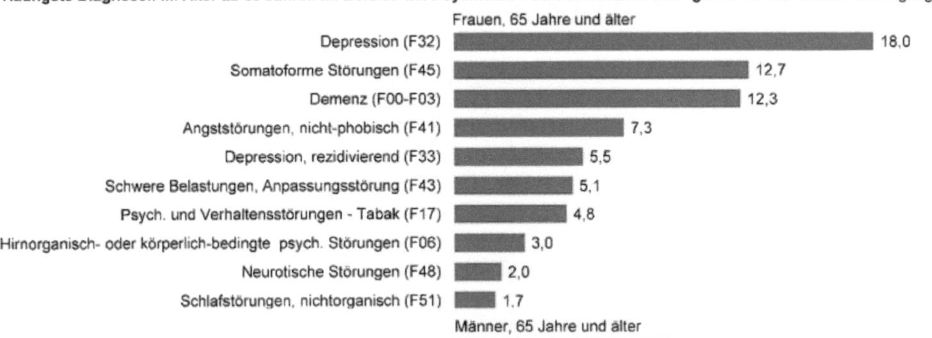

Die häufigsten ambulanten Behandlungsdiagnosen, ICD-10 Kapitel Psychische und Verhaltensstörungen, 65-Jährige und Ältere, nach Geschlecht, NRW, 2020. KV Nordrhein und Westfalen-Lippe, LZG.NRW Quelle:
https://www.lzg.nrw.de/ges_bericht/factsheets/psyche/psych_erkrankungen_erwachsene/index.html

Todesfälle durch Depression

Todesfälle aufgrund der häufigsten depressiven Erkrankungen in Deutschland in den Jahren 1998 bis 2022

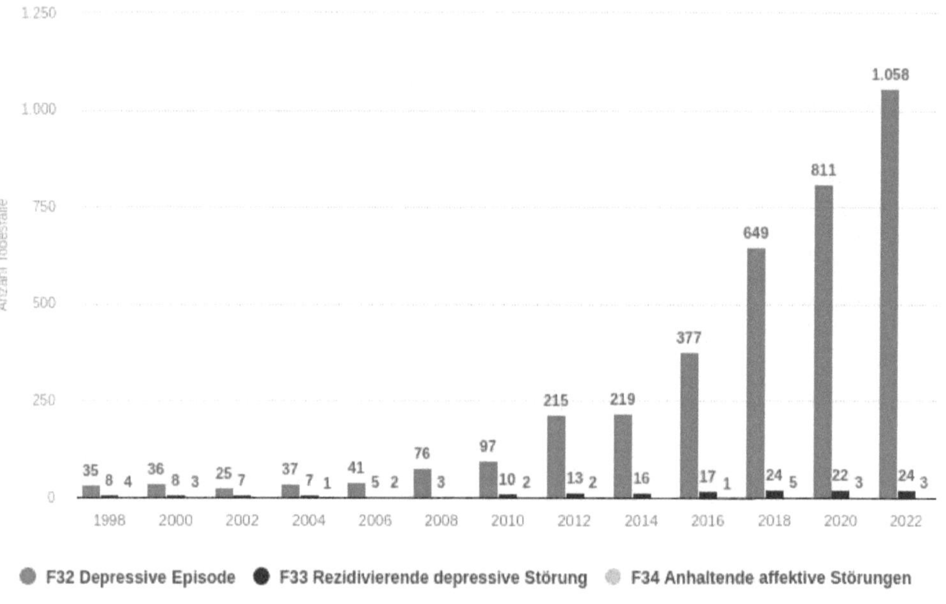

Laut dem Statistischen Bundesamt starben im Jahr 2022 deutschlandweit 1.058 Menschen infolge einer depressiven Episode (ICD-10: F32). Insgesamt starben in diesem Jahr bundesweit 68.777 Personen infolge von psychischen und Verhaltensstörungen (ICD-10: F00-99).

Quelle: https://de.statista.com/statistik/daten/studie/1043857/umfrage/todesfaelle-aufgrund-ausgewaehlter-depressiver-erkrankungen-in-deutschland/

Auch wenn wir den Einsatz von Medikamenten betrachten, erkennen wir den enormen Umsatz, welche mit Menschen, welche unter psychischen Belastungen leiden, gemacht wird.

Umsatz mit Antipsychotika auf dem deutschen GKV-Markt 858 Mio. €

18

GKV-Leistungsbereiche: ärztliche Behandlung, Krankenhaus und Sonstiges (Heilmittel, Krankengeld, Krankenpflege u.a.).

Umsatz mit Antipsychotika auf dem deutschen Apothekenmarkt 612,12 Mio. €

Kapitel 2: Häufige psychische Erkrankungen im Alter

Prävalenz psychischer Erkrankungen

- Weltweit leiden etwa 10-20% der Erwachsenen an einer psychischen Störung.
- Depressionen betreffen ca. 7% der über 60-Jährigen, Angststörungen etwa 10%. Bei Menschen mit Demenz können bis zu 40% auch an Depressionen leiden.
- Suchtproblematiken und psychotische Störungen treten ebenfalls im Alter auf.

1. Depression

- Symptome bei Senioren

- Anhaltende Traurigkeit, Rückzug von sozialen Aktivitäten, Schlafstörungen.
- Häufig somatische Beschwerden (z.B. Schmerzen), die keinen organischen Ursprung haben.
- Verlust von Appetit, Antriebslosigkeit und Gewichtsverlust.

- Ursachen

- Verluste (z.B. Tod des Partners, Verlust der Selbstständigkeit).
- Chronische Krankheiten, Schmerzen und soziale Isolation.

- Besonderheiten im Alter

   - Oft werden depressive Symptome fälschlicherweise als normale Alterserscheinungen abgetan (z.B. Traurigkeit durch Einsamkeit).
   - Diagnose kann schwierig sein, weil depressive Senioren oft weniger über ihre Gefühle sprechen oder Symptome verschweigen.

- Umgang und Pflege

Was wird im Umgang und der Pflege von Menschen in diesem Bezug empfohlen?

   - Sensibles Beobachten von Verhaltensänderungen.
   - Förderung von sozialen Kontakten (z.B. Gruppenaktivitäten).
   - Motivation zur körperlichen Aktivität und zur Teilnahme an Therapieangeboten.

2. Demenz

- Symptome

   - Gedächtnisverlust, Orientierungslosigkeit, Schwierigkeiten bei alltäglichen Aufgaben.
   - Verhaltensveränderungen: Unruhe, Aggressivität oder Rückzug.
   - Halluzinationen oder Wahnvorstellungen können auftreten (z.B. Schizophrenie-ähnliche Symptome bei fortgeschrittener Demenz).

- Arten der Demenz

   - Alzheimer: Langsam fortschreitender Gedächtnisverlust.
   - Vaskuläre Demenz: Durchblutungsstörungen des Gehirns, oft plötzlicher Beginn nach einem Schlaganfall.
   - Lewy-Körper-Demenz: Schwankungen im Bewusstsein, Halluzinationen, Parkinson-ähnliche Symptome.

- Ursachen und Risikofaktoren

- Alter, genetische Veranlagung, Herz-Kreislauf-Erkrankungen, Ernährung, mangelnde körperliche Betätigung, psychische Probleme.

- Umgang und Pflege

- Validation: Achten Sie auf die emotionale Welt des Patienten, indem Sie ihn nicht korrigieren, sondern in seiner Wahrnehmung bestärken.
- Gewährleisten Sie Sicherheit, zum Beispiel bei Orientierungslosigkeit.
- Biografiearbeit: Nutzen Sie bekannte Aspekte aus der Lebensgeschichte des Patienten, um Vertrauen aufzubauen.

Die Alzheimer-Lüge

1. Ursachen von Alzheimer: Dr. Michael Nehls sieht den Lebensstil als entscheidenden Faktor für die Entwicklung von Alzheimer. Er betont, dass die moderne Lebensweise und der damit verbundene Mangel an bestimmten Nährstoffen und Bewegung zur Entstehung der Krankheit beitragen. Besonders wichtig ist die gesunde Funktion des Hippocampus und die kontinuierliche Bildung von Indexneuronen, die für autobiografische Erinnerungen entscheidend sind.

2. Fehlende Indexneuronen: Dr. Nehls erklärt, dass Alzheimer durch einen langjährigen Mangel an Indexneuronen im Hippocampus entsteht. Diese Neuronen sind essenziell für die Speicherung und das Wiederabrufen von Erinnerungen. Faktoren wie Stress, ein eintöniger Lebensstil und unzureichende Versorgung mit wichtigen Nährstoffen führen dazu, dass die Produktion von neuen Hirnzellen beeinträchtigt wird und bestehende Neuronen absterben.

3. Lebensstil als Prävention: Als vorbeugende Maßnahmen empfiehlt Dr. Nehls eine Veränderung des Lebensstils hin zu mehr Natürlichkeit, Bewegung, sozialer Interaktion und einer besseren Nährstoffversorgung. Diese Schritte sollen die Produktion neuer Indexneuronen fördern und damit das Risiko für Alzheimer senken.

4. Wichtigkeit von Nährstoffen:

   - Vitamin D: Ein hoher Vitamin-D-Spiegel ist wichtig für die Neurogenese (Bildung neuer Nervenzellen) im Hippocampus. Niedrige Vitamin-D-Werte erhöhen das Risiko für Alzheimer erheblich. Laut Dr. Nehls sollten Vitamin-D-Werte im optimalen Bereich gehalten werden, um das Risiko zu minimieren.

   - **Omega-3-Fettsäuren**: Besonders die DHA- und EPA-Fettsäuren aus Algenöl oder Fisch sind entscheidend für die neuronale Gesundheit. Ein niedriger Omega-3-Index steht in direktem Zusammenhang mit einem kleineren Hippocampusvolumen und einem erhöhten Risiko für Alzheimer.

   - **Lithium**: Dr. Nehls beschreibt Lithium als ein wichtiges Spurenelement, das die Bildung von Indexneuronen fördert, die Neurogenese anregt und die Entstehung des sogenannten „Alzheimer-Toxins" verhindert. Er kritisiert, dass Lithium in den meisten Regionen im Leitungswasser kaum vorhanden ist und nicht als essentielles Spurenelement anerkannt wird.

5. Kritik an der Pharmaindustrie: Dr. Nehls kritisiert, dass die Pharmaindustrie und einige Alzheimerforscher behaupten, die Krankheit sei altersbedingt und unvermeidbar. Dadurch wird die Verantwortung auf das Alter abgeschoben, anstatt den Fokus auf Prävention und eine gesunde Lebensweise zu legen. Er betont, dass diese Sichtweise den Nutzen von

Medikamenten überbewertet, während einfache Lebensstiländerungen
ignoriert werden.

6. Alternative Maßnahmen: Als Alternativen zur Vorbeugung und
Bekämpfung von Alzheimer empfiehlt Dr. Nehls:

   - Einen optimalen Vitamin-D-Spiegel zu halten.

   - Eine ausreichende Versorgung mit Omega-3-Fettsäuren, insbesondere
durch Algenöl.

   - Die regelmäßige Einnahme von Lithium in kleinen Mengen
(Mikrodosierung), um die Bildung neuer Indexneuronen zu unterstützen.

   - Einen gesunden Lebensstil, der Bewegung, soziale Interaktion und einen
abwechslungsreichen Alltag einschließt, um den Hippocampus zu stärken.

Dr. Nehls argumentiert, dass diese ganzheitlichen Maßnahmen sowohl
präventiv als auch als Teil der Therapie von Alzheimer wirken können und
betont, dass die Krankheit nicht unvermeidbar ist.

3. Angststörungen

- Symptome bei älteren Menschen

   - Übermäßige Sorgen, häufig ohne konkreten Anlass (z.B. um die eigene
Gesundheit oder finanzielle Situation).
   - Körperliche Symptome wie Herzrasen, Zittern oder Schwindel.
   - Vermeidung bestimmter Aktivitäten oder sozialer Interaktionen.

- Ursachen

  - Verlust von Unabhängigkeit, gesundheitliche Probleme, Isolation.
  - Traumatische Erfahrungen (z.B. Krankenhausaufenthalte) oder Verlust
von nahestehenden Personen.

- Umgang und Pflege

  - Schaffung einer sicheren, beruhigenden Umgebung.
  - Regelmäßige Rituale und Strukturen können Sicherheit geben.
  - Geduld und Verständnis für scheinbar irrationale Ängste.

- Vorschläge

Um in der Altenpflege mit einer Bewohnerin umzugehen, die den
Gemeinschaftsraum aus Angst vor Ansteckung vermeidet, obwohl es keinen
medizinischen Grund dafür gibt, sind folgende Schritte empfehlenswert:

1. Empathie und Verständnis zeigen
  - Nehmen Sie die Angst der Bewohnerin ernst, auch wenn es objektiv
keinen Grund zur Sorge gibt.
  - Zeigen Sie Mitgefühl und hören Sie aktiv zu, wenn sie ihre Sorgen
äußert. Sätze wie „Ich verstehe, dass Sie besorgt sind" vermitteln, dass ihre
Ängste anerkannt werden.

2. Validation anwenden
  - Statt die Angst direkt zu widerlegen, bestätigen Sie ihre Wahrnehmung.
Dies kann ihr helfen, sich ernst genommen zu fühlen und die emotionale
Belastung zu reduzieren.
- Ein Beispiel wäre: „Es ist verständlich, dass Sie sich um Ihre Gesundheit
sorgen."

Validation ist eine Methode im Umgang mit älteren Menschen, insbesondere
mit Demenzkranken, die darauf abzielt, ihre Gefühle und Wahrnehmungen
zu akzeptieren, anstatt sie zu korrigieren oder zu konfrontieren. Es geht
darum, die emotionale Welt der Betroffenen anzuerkennen und ihnen das

Gefühl zu geben, dass ihre Ängste, Sorgen oder Erinnerungen berechtigt sind, auch wenn sie objektiv nicht der Realität entsprechen.

Der Grundgedanke der Validation ist, dass alle Verhaltensweisen und Äußerungen einen tieferen Sinn haben, auch wenn sie für Außenstehende irrational wirken. Statt den Betroffenen ihre „falsche" Wahrnehmung zu erklären oder sie zu korrigieren, versucht man, sich in ihre Welt hineinzuversetzen und ihr Erleben zu bestätigen. Das fördert Vertrauen, reduziert Stress und stärkt das Selbstwertgefühl der betroffenen Personen.

Beispiel: Wenn ein Demenzkranker sagt, er müsse nach Hause zu seinen (inzwischen verstorbenen) Eltern, wird bei der Validation nicht widersprochen („Deine Eltern leben doch nicht mehr"), sondern es wird auf die Emotion hinter der Aussage eingegangen, etwa mit „Erzähl mir von deinem Zuhause und deiner Familie."

3. Schrittweise Aufklärung bieten
   - Nach der Validation können Sie langsam damit beginnen, beruhigende Fakten einzuführen. Betonen Sie die Sicherheitsmaßnahmen, die im Pflegeheim eingehalten werden, um Infektionen zu verhindern.
   - Erklären Sie, dass es keinen aktuellen medizinischen Grund für eine Ansteckungsgefahr gibt, aber dass weiterhin auf Hygiene geachtet wird.

4. Individuelle Lösungen anbieten
   - Falls sie sich weiterhin unwohl fühlt, könnten Sie ihr eine Alternative zum vollen Gemeinschaftsraum vorschlagen, zum Beispiel ein Besuch zu einer ruhigeren Zeit, wenn weniger Menschen da sind, oder einen Platz in einer Ecke, wo sie sich sicherer fühlt.
   - Eine weitere Möglichkeit wäre, den Kontakt zu anderen Bewohnern zunächst im Freien oder bei einem kurzen Spaziergang zu ermöglichen.

5. Biografiearbeit einbeziehen
   - Nutzen Sie eventuell frühere Erfahrungen oder positive Erinnerungen aus ihrem Leben, die ihr helfen könnten, sich sicherer zu fühlen.

- Zum Beispiel: „Erinnern Sie sich, wie gerne Sie früher in Gesellschaft waren? Vielleicht können wir das langsam wieder aufbauen."

6. Eventuelle psychische Ursachen erkennen
   - Wenn die Angst übermäßig stark oder länger anhält, könnte es sinnvoll sein, eine psychische Unterstützung oder Beratung durch einen Psychologen in Erwägung zu ziehen, um tiefere Ursachen der Angst zu klären.

Durch diese Schritte können Sie behutsam und respektvoll mit der Angst der Bewohnerin umgehen und ihr helfen, wieder Vertrauen in die Gemeinschaft zu fassen.

4. Schizophrenie und wahnhafte Störungen

Etwa ein Prozent der deutschen Bevölkerung ist an Schizophrenie erkrankt.

- Symptome bei Senioren

   - Halluzinationen, Wahnvorstellungen (z.B. dass jemand sie beobachtet oder verfolgt).
   - Desorganisiertes Denken, Sprachverwirrung.
   - Affektverflachung (Gefühlsarmut, Verlust der emotionalen Reaktionen).

- Ursachen und Risikofaktoren

   - Genetische Veranlagung, frühere psychiatrische Erkrankungen.
   - Altersbedingte Veränderungen im Gehirn können eine Rolle spielen.

- Umgang und Pflege

   - Geduldiger und ruhiger Umgang mit Patienten, die unter Wahnvorstellungen leiden.
   - Vermeidung von Konfrontationen, aber dennoch klare Strukturen und Sicherheit bieten.
- Aufklärung in der Betreuung über den Unterschied zwischen Wahn und Realität, ohne den Patienten bloßzustellen.

Die Aufklärung in der Betreuung über den Unterschied zwischen Wahn und
Realität kann behutsam erfolgen, ohne den Patienten bloßzustellen oder
seine Gefühle zu verletzen. Hier sind einige Beispiele, wie das einfühlsam
umgesetzt werden kann:

1. Sanftes Lenken der Wahrnehmung
  - Wenn der Patient einen Wahn äußert, kann man versuchen, die
Aufmerksamkeit sanft auf die Realität zu lenken, ohne die Illusion direkt zu
konfrontieren.
  - Beispiel: Der Patient glaubt, dass er von Verfolgern bedroht wird.
  - Antwort: „Das klingt wirklich beängstigend. Lassen Sie uns zusammen
schauen, ob hier alles sicher ist. Ich bin hier, um Sie zu schützen."

2. Validierung der Gefühle und anschließende vorsichtige Korrektur
  - Anerkennen Sie die Gefühle des Patienten und bieten Sie dann eine
alternative Sichtweise an.
  - Beispiel: Der Patient sagt, er müsse nach Hause, um sich um seine
(verstorbenen) Eltern zu kümmern.
  - Antwort: „Es ist verständlich, dass Sie sich Sorgen um Ihre Eltern
machen. Sie haben sich immer gut um sie gekümmert. Im Moment sind Sie
hier gut versorgt und brauchen sich keine Sorgen zu machen."

3. Fragen stellen, um die Realität zu erkunden
  - Stellen Sie offene Fragen, um den Patienten sanft zu ermutigen, die
Realität selbst zu erkunden.
  - Beispiel: Der Patient glaubt, dass er einen Termin bei seinem
(inzwischen verstorbenen) Arzt hat.
  - Antwort: „Wann hatten Sie den Termin? Wollen wir gemeinsam
nachsehen, ob wir einen Eintrag im Kalender finden?"

4. Ablenkung auf positive Erlebnisse
  - Statt direkt gegen den Wahn zu argumentieren, kann eine Ablenkung auf
positive Erlebnisse oder Routinen helfen, den Patienten wieder in die
Realität zu holen.

- Beispiel: Der Patient glaubt, er sei in Gefahr.
   - Antwort: „Ich kann verstehen, dass Sie sich unwohl fühlen. Wie wäre es, wenn wir jetzt zusammen einen Spaziergang machen oder eine Tasse Tee trinken?"

5. Realität behutsam einführen
   - Manchmal kann es sinnvoll sein, die Realität behutsam in den Kontext des Wahnhaften zu integrieren, indem man sanft auf den aktuellen Stand hinweist.
   - Beispiel: Der Patient glaubt, er müsse zur Arbeit gehen.
   - Antwort: „Es klingt so, als hätten Sie früher viel gearbeitet. Aber Sie haben jetzt Ihren Ruhestand erreicht und müssen nicht mehr zur Arbeit. Heute können Sie sich entspannen."

6. Persönliche Geschichten nutzen
   - Wenn es passend ist, können Sie auch persönliche Geschichten oder Anekdoten nutzen, um den Patienten sanft zur Realität zurückzuführen.
   - Beispiel: Der Patient sagt, dass ein Familienmitglied, das längst verstorben ist, ihn bald besuchen wird.
   - Antwort: „Ihre Tochter hat Sie immer sehr geliebt. Heute lebt sie nicht mehr bei uns, aber wir können uns zusammen an schöne Zeiten mit ihr erinnern."

7. Hoffnung und Beruhigung vermitteln
   - Falls der Wahn mit Angst verbunden ist, sollten Sie beruhigend und hoffnungsvoll reagieren, ohne den Wahn direkt zu widerlegen.
   - Beispiel: Der Patient glaubt, er sei krank, obwohl es keine medizinischen Anzeichen dafür gibt.
   - Antwort: „Es ist verständlich, dass Sie sich Sorgen machen. Ich habe mit dem Arzt gesprochen, und er sagt, es geht Ihnen gesundheitlich gut. Wir achten auf Sie, damit alles in Ordnung bleibt."

Wichtige Hinweise:

- Taktgefühl und Geduld sind entscheidend. Ziel ist es, den Patienten nicht bloßzustellen oder ihm das Gefühl zu geben, dass er falsch liegt.
- Widerstand vermeiden: Es ist oft besser, den Patienten in seiner emotionalen Welt abzuholen, anstatt ihm die Realität aufzuzwingen.
- Sicherheit und Geborgenheit vermitteln: Der Patient sollte sich immer sicher und unterstützt fühlen, auch wenn seine Wahrnehmung nicht der Realität entspricht.

Diese Ansätze helfen, den Unterschied zwischen Wahn und Realität behutsam aufzuzeigen, ohne den Patienten in Verlegenheit zu bringen oder sein Vertrauen zu gefährden.

Kapitel 3: Differenzierung von kognitiven Veränderungen und psychischen Erkrankungen

1. Altersbedingte kognitive Veränderungen

- Typische kognitive Veränderungen im Alter

Diese Veränderungen sind normal und betreffen oft das Gedächtnis, die Aufmerksamkeit und das Problemlösungsverhalten. Typisch sind:

- **Verlangsamung der Informationsverarbeitung**: Ältere Menschen benötigen oft mehr Zeit, um neue Informationen aufzunehmen oder Entscheidungen zu treffen.
- **Vergesslichkeit**: Es kann häufiger zu kleinen Gedächtnislücken kommen, z.B. das Vergessen von Namen oder Terminen, jedoch bleibt die generelle Erinnerungskapazität in vielen Fällen erhalten.

- **Schwierigkeiten bei der Multitasking-Fähigkeit**: Ältere Menschen haben oft Schwierigkeiten, mehrere Aufgaben gleichzeitig zu erledigen.
- **Schwierigkeiten beim Abrufen von Namen oder Wörtern**: Es kann mehr Zeit in Anspruch nehmen, sich an bestimmte Wörter oder Namen zu erinnern, obwohl sie noch bekannt sind.

Diese kognitiven Veränderungen sind altersbedingt und müssen von ernsthafteren Erkrankungen wie Demenz oder Depression abgegrenzt werden, bei denen solche Symptome intensiver und dauerhaft auftreten.

2. Abgrenzung von psychischen Erkrankungen

- Unterschiede zwischen kognitiven Veränderungen und Erkrankungen

- **Altersbedingte kognitive Veränderungen** sind in der Regel mild und treten allmählich auf. Sie beinhalten oft nur leichte Vergesslichkeit oder eine verlangsamte Informationsverarbeitung, ohne dass die Alltagsbewältigung stark beeinträchtigt wird.

  - **Psychische Erkrankungen**, wie Depression, Demenz oder Angststörungen, wirken sich intensiver und oft plötzlich auf das Leben des Betroffenen aus. Sie beeinträchtigen das Denken, die Emotionen und das Verhalten in einer Weise, die das tägliche Leben erheblich beeinflussen kann.

    - **Demenz** ist gekennzeichnet durch einen fortschreitenden, irreversiblen Abbau der kognitiven Fähigkeiten, wie das Gedächtnis, die Orientierung und die Problemlösungsfähigkeit, der schließlich die alltäglichen Aktivitäten stört.

- **Depression** bei älteren Menschen kann mit Symptomen wie Apathie, Rückzug und Konzentrationsstörungen einhergehen, was manchmal fälschlicherweise als Demenz wahrgenommen wird (sogenannte „Pseudodemenz"), unterscheidet sich jedoch durch emotionale Symptome wie tiefe Traurigkeit oder Hoffnungslosigkeit.
- **Angststörungen** verursachen häufig übermäßige Sorgen oder Panik, die über das normale Maß hinausgehen und zu sozialen Rückzug oder Vermeidung von Aktivitäten führen können.

Im Gegensatz zu diesen ernsthaften Erkrankungen führen **altersbedingte kognitive Veränderungen** selten zu einer starken Beeinträchtigung der alltäglichen Lebensführung und bleiben relativ stabil über die Zeit.

3. Vergleich: Demenz und altersbedingte Gedächtnisprobleme

4. Unterscheidung von Depression, Traurigkeit und Rückzug

- **Depression** unterscheidet sich von normaler Traurigkeit und sozialem Rückzug, die im Alter häufig auftreten können.

- **Traurigkeit** ist eine natürliche emotionale Reaktion auf Verluste oder schwierige Lebenssituationen. Sie ist in der Regel vorübergehend und beeinträchtigt das alltägliche Leben nicht nachhaltig.
- **Sozialer Rückzug** im Alter kann durch gesundheitliche Probleme oder den Verlust von nahestehenden Personen entstehen, führt aber nicht immer zu einer psychischen Erkrankung.
- **Depression** hingegen ist eine ernsthafte Erkrankung, die über längere Zeiträume anhält und den Alltag stark beeinträchtigt. Sie geht mit tiefer, anhaltender Hoffnungslosigkeit, Antriebslosigkeit und manchmal auch körperlichen Symptomen wie Schlaflosigkeit oder Appetitverlust einher.
  - Depression bei älteren Menschen kann sich auch anders äußern als bei jüngeren Personen, zum Beispiel durch Reizbarkeit oder starke Müdigkeit, was die Diagnose erschwert.

Im Gegensatz zu Traurigkeit oder Rückzug erfordert eine Depression professionelle Hilfe, da sie langfristig zu einer Verschlechterung der Lebensqualität führt und oft nicht von alleine besser wird.

5. Unterschied zwischen Angststörungen und normalen Altersängsten

- **Normale Altersängste** sind häufige Sorgen, die im Alter auftreten können, wie etwa Angst vor dem Verlust der Unabhängigkeit, gesundheitliche Sorgen oder Bedenken über finanzielle Sicherheit. Diese Ängste sind oft rational und stehen in einem realistischen Zusammenhang mit den Veränderungen, die das Alter mit sich bringt. Sie beeinflussen den Alltag der betroffenen Person in der Regel nicht stark und sind kontrollierbar.

- **Angststörungen** hingegen sind intensiver und häufiger. Sie gehen über normale Sorgen hinaus und sind unverhältnismäßig stark ausgeprägt. Diese Ängste treten oft ohne nachvollziehbaren Grund auf und können das tägliche Leben erheblich einschränken. Typische Symptome einer Angststörung im Alter sind:

    - Übermäßige Sorgen, die über einen längeren Zeitraum anhalten.
    - Körperliche Symptome wie Zittern, Schweißausbrüche oder Herzrasen.
    - Vermeidung bestimmter Situationen, weil sie Angst auslösen.

Während Altersängste verständlich sind und oft durch Gespräche und Unterstützung bewältigt werden können, erfordern Angststörungen gezielte therapeutische Interventionen, da sie das Leben und Wohlbefinden der betroffenen Person stark beeinträchtigen können.

6. Schizophrenie und Delir vs. altersbedingte Verwirrung

- **Altersbedingte Verwirrung** tritt häufig als Folge natürlicher kognitiver Veränderungen auf, wie zum Beispiel bei leichtem Gedächtnisverlust oder Orientierungsschwierigkeiten. Diese Verwirrtheit ist in der Regel mild, episodisch und mit klaren Ursachen verbunden, wie etwa Erschöpfung oder Stress. Die Betroffenen können sich in vertrauten Umgebungen wieder

zurechtfinden und erleben meist keine gravierenden
Verhaltensänderungen.

- **Delir** ist eine akute, oft reversible Verwirrtheit, die plötzlich auftritt. Es ist durch eine gestörte Aufmerksamkeit, Desorientierung und Veränderungen im Bewusstsein gekennzeichnet. Ein Delir wird häufig durch körperliche Auslöser wie Infektionen, Dehydratation oder Medikamentenwechsel verursacht und kann unbehandelt gefährlich sein. Im Gegensatz zur altersbedingten Verwirrung ist ein Delir intensiver, abrupt und erfordert medizinische Sofortmaßnahmen.

- **Schizophrenie im Alter** ist selten, aber möglich. Sie zeigt sich durch Halluzinationen, Wahnvorstellungen und desorganisiertes Denken, die nicht auf die altersbedingten kognitiven Veränderungen zurückzuführen sind. Schizophrenie ist eine chronische psychische Erkrankung, die langanhaltend ist und oft spezielle therapeutische Ansätze benötigt. Sie unterscheidet sich von Delir und altersbedingter Verwirrung durch die anhaltende Art der psychotischen Symptome und durch das Fehlen klarer, kurzfristiger körperlicher Auslöser.

Zusammengefasst:

- **Altersbedingte Verwirrung** ist oft mild und temporär.
- **Delir** ist akut und körperlich ausgelöst, oft reversibel.
- **Schizophrenie** ist chronisch und von psychotischen Symptomen begleitet, nicht vorübergehend.

Kapitel 4: Umgang mit herausforderndem Verhalten im Pflegealltag

1. Aggression

- Ursachen und Umgang

Ursachen von Aggression:

- **Frustration und Angst**: Patienten können aggressiv reagieren, wenn sie sich missverstanden, hilflos oder eingeschränkt fühlen. Besonders bei kognitiven Einschränkungen, wie Demenz, führt dies häufig zu aggressivem Verhalten.
- **Verwirrung**: Menschen, die ihre Umgebung nicht mehr richtig einordnen können, reagieren oft mit Aggression. Dies kann durch Demenz, Delir oder andere kognitive Störungen verursacht werden.
- **Schmerz oder körperliches Unwohlsein**: Nicht erkannter Schmerz, körperliche Beschwerden oder Unbehagen (z.B. Druckstellen, Infektionen) können zu aggressiven Reaktionen führen.
- **Überforderung**: Wenn Patienten mit zu vielen Informationen oder Aufgaben gleichzeitig konfrontiert werden, kann dies zu einer aggressiven Reaktion führen.
- **Verlust der Selbstkontrolle**: Psychische Erkrankungen wie Schizophrenie, aber auch Angststörungen, können dazu führen, dass Betroffene die Kontrolle über ihre Emotionen und Handlungen verlieren.

Umgang mit Aggression:

- **Ruhe bewahren**: Es ist wichtig, ruhig zu bleiben und nicht auf aggressive Handlungen oder Worte des Patienten einzugehen. Ein ruhiger und kontrollierter Ton kann deeskalierend wirken.
- **Deeskalationsstrategien**: Versuchen Sie, den Patienten zu beruhigen, indem Sie ihm Raum geben und eine neutrale, entspannte Körperhaltung einnehmen. Blickkontakt vermeiden, falls dieser aggressives Verhalten verstärkt.
- **Verständnis zeigen**: Sagen Sie dem Patienten, dass Sie seine Gefühle verstehen (z.B. "Ich sehe, dass Sie gerade wütend sind"), ohne das aggressive Verhalten zu bestätigen.
- **Ablenkung**: Leiten Sie die Aufmerksamkeit des Patienten auf eine andere Aktivität um oder bieten Sie ihm eine Aufgabe an, die ihn beruhigen könnte (z.B. Falten von Tüchern).
- **Vermeidung von Konfrontationen**: Es ist oft besser, nicht direkt auf aggressives Verhalten einzugehen oder es sofort zu konfrontieren. Stattdessen kann es helfen, die Situation zu entschärfen, indem man den Patienten umleitet oder ihm Raum gibt, sich zu beruhigen.
- **Hilfe holen**: Wenn die Situation eskaliert, kann es notwendig sein, Unterstützung durch Kollegen oder in schlimmeren Fällen durch Sicherheitspersonal hinzuzuziehen, um eine Verletzung der Beteiligten zu verhindern.

Diese Informationen halfen, die Hintergründe von Aggression zu verstehen und praktische Ansätze zur Deeskalation und zum Umgang mit aggressivem Verhalten im Pflegealltag zu bieten.

2. Angst

Ursachen von Angst:

- **Unsicherheit und Orientierungslosigkeit**: Besonders bei Demenzpatienten tritt Angst häufig auf, wenn sie sich in ihrer Umgebung nicht mehr zurechtfinden oder erkennen, dass sie Dinge vergessen.
- **Verlust von Kontrolle**: Angst kann auch entstehen, wenn ältere Menschen das Gefühl haben, die Kontrolle über ihren Körper, ihre Entscheidungen oder ihre Lebenssituation zu verlieren.
- **Isolation**: Einsamkeit und das Fehlen sozialer Kontakte können Angst verstärken, besonders wenn der Betroffene das Gefühl hat, von der Gesellschaft ausgeschlossen zu sein.
- **Körperliche Beschwerden**: Unbehandelte Schmerzen, Atemnot oder Herzprobleme können ebenfalls Ängste auslösen, da der Patient die Ursache der Beschwerden oft nicht versteht.
- **Erfahrungen aus der Vergangenheit**: Traumatische Erlebnisse oder frühere Verlusterfahrungen können im Alter verstärkt wieder hervortreten und zu Ängsten führen.
- **Kognitive Einschränkungen**: Bei Menschen mit Demenz oder anderen kognitiven Störungen können Ängste verstärkt auftreten, da sie oft nicht in der Lage sind, ihre Umgebung oder Ereignisse richtig zu interpretieren.

Umgang mit Angst:

- **Ruhig und klar kommunizieren**: Verwenden Sie einfache, beruhigende Worte, um dem Patienten zu helfen, sich zu orientieren. Vermeiden Sie komplexe Anweisungen, die zu weiterer Verwirrung führen könnten.

- **Sichere Umgebung schaffen**: Gestalten Sie den Raum ruhig und vertraut, reduzieren Sie Reize wie laute Geräusche oder hektische Bewegungen, und stellen Sie vertraute Gegenstände bereit.
- **Beruhigende Routinen einführen**: Regelmäßige Abläufe geben Sicherheit und helfen, Angst zu mindern. Ein fester Tagesablauf vermittelt dem Patienten ein Gefühl der Vorhersehbarkeit und Kontrolle.
- **Aktives Zuhören**: Zeigen Sie dem Patienten, dass Sie seine Ängste ernst nehmen. Anstatt die Angst zu negieren, fragen Sie nach den Ursachen und versuchen, diese gemeinsam zu ergründen.
- **Atem- und Entspannungstechniken**: Unterstützen Sie den Patienten bei der Durchführung von einfachen Entspannungsübungen, wie z.B. tiefes Atmen, um Anspannung abzubauen.
- **Beruhigende Worte und Körperkontakt**: Sanfte Berührungen (sofern der Patient einverstanden ist) oder beruhigende Worte können dabei helfen, den Patienten zu beruhigen und Vertrauen zu vermitteln.
- **Ablenkung**: Bieten Sie dem Patienten einfache Aufgaben an, die seine Aufmerksamkeit von der Angst ablenken, z.B. das Falten von Wäsche oder das Betrachten von Fotos.

Diese Informationen helfen, den Pflegekräften effektive Strategien an die Hand zu geben, um mit Angstzuständen bei älteren Menschen umzugehen und ihnen ein Gefühl von Sicherheit und Ruhe zu vermitteln.

3. Verwirrung

Ursachen von Verwirrung:

- **Kognitive Beeinträchtigungen**: Altersbedingte Veränderungen, Demenz oder andere neurodegenerative Erkrankungen können zu Verwirrung führen, da die Fähigkeit, Informationen zu verarbeiten und zu speichern, beeinträchtigt ist.
- **Akute Erkrankungen**: Infektionen, Fieber oder Dehydration können vorübergehende Verwirrung verursachen, insbesondere bei älteren Menschen.
- **Medikamenteneffekte**: Nebenwirkungen von Medikamenten oder Wechselwirkungen zwischen verschiedenen Arzneimitteln können Verwirrtheit hervorrufen.
- **Psychische Belastungen**: Stress, Angst oder Trauer können die geistige Klarheit beeinträchtigen und Verwirrung auslösen.
- **Umweltfaktoren**: Veränderungen in der Umgebung, wie ein Umzug oder ein Krankenhausaufenthalt, können Verwirrung hervorrufen, da die vertrauten Anhaltspunkte fehlen.

Umgang mit Verwirrung:

- **Ruhige Ansprache**: Sprechen Sie in einem ruhigen und klaren Ton, um den Patienten nicht zusätzlich zu verunsichern. Verwenden Sie einfache, verständliche Sätze.
- **Orientierungshilfen anbieten**: Nutzen Sie vertraute Gegenstände, wie Fotos, Kalender oder Uhren, um dem Patienten zu helfen, sich in Raum und Zeit zurechtzufinden.
- **Validationstechnik**: Nehmen Sie die Wahrnehmung des Patienten ernst, auch wenn sie nicht der Realität entspricht. Zeigen Sie Verständnis für seine Gefühle, um Vertrauen aufzubauen.

- **Vermeidung von Konfrontationen**: Wenn der Patient falsche Annahmen trifft, vermeiden Sie direkte Widersprüche. Stattdessen können Sie das Gespräch sanft umleiten, um die Verwirrung zu verringern.
- **Beruhigung durch Routine**: Feste Tagesabläufe geben dem Patienten Sicherheit und Struktur, was dazu beiträgt, Verwirrung zu reduzieren.
- **Aktives Zuhören**: Hören Sie aufmerksam zu und zeigen Sie Verständnis für die Ängste und Sorgen des Patienten, um ihm das Gefühl zu geben, ernst genommen zu werden.
- **Kognitive Stimulation**: Bieten Sie einfache Aktivitäten an, die das Gedächtnis und die kognitive Fähigkeit anregen, wie Gedächtnisspiele oder das Vorlesen von Geschichten.

Diese Ansätze unterstützen Pflegekräfte darin, angemessen und einfühlsam auf Verwirrung bei älteren Menschen zu reagieren und ihnen ein Gefühl von Sicherheit und Stabilität zu vermitteln.

4. Kommunikation mit dementen Patienten

Praktische Tipps:

- **Ruhige und klare Kommunikation**: Verwenden Sie einfache und klare Worte, um den Patienten zu orientieren. Vermeiden Sie komplexe Anweisungen oder schnelle Wechsel in der Kommunikation.
- **Langsam und deutlich sprechen**: Sprechen Sie in kurzen Sätzen und betonen Sie Schlüsselwörter. Geben Sie dem Patienten Zeit, um die Informationen zu verarbeiten und zu reagieren.

- **Fragen mit „Ja" oder „Nein" beantworten**: Stellen Sie einfache Fragen, die leicht zu beantworten sind, um den Patienten nicht zu überfordern.
- **Positive Aufforderungen geben**: Formulieren Sie Anweisungen positiv und vermeiden Sie Kritik oder Korrekturen, um Frustration zu verhindern.
- **Erinnern durch visuelle Hinweise**: Nutzen Sie visuelle Hilfen und Gesten, um das Verständnis zu unterstützen.
- **Beruhigender Körperkontakt**: Wenn der Patient einverstanden ist, kann sanfter Körperkontakt Vertrauen aufbauen und beruhigend wirken.

Validationstechnik:

- **Wahrnehmung ernst nehmen**: Nehmen Sie die Wahrnehmung des Patienten ernst, auch wenn sie nicht der Realität entspricht.
- **Einfühlungsvermögen zeigen**: Gehen Sie behutsam auf die Gefühle des Patienten ein und bieten Sie Sicherheit, anstatt zu korrigieren oder die Wahrnehmung zu negieren.
- **Zuhören und bestätigen**: Hören Sie aktiv zu und bestätigen Sie die Gefühle des Patienten, um ein Gefühl von Akzeptanz zu vermitteln.

Diese Ansätze helfen Pflegekräften dabei, die Kommunikation mit dementen Patienten zu verbessern, Missverständnisse zu reduzieren und das Wohlbefinden der Betroffenen zu fördern.

Kapitel 5: Akutes Delir

1. Einführung in das akute Delir

Ursachen und Risikofaktoren:

- **Medizinische Erkrankungen**: Infektionen, insbesondere Harnwegs- und Atemwegsinfektionen, können ein Delir auslösen.
- **Medikamentenwechsel**: Nebenwirkungen, Absetzen von Medikamenten oder die Einnahme mehrerer Medikamente können zur Entwicklung eines Delirs führen.
- **Umweltfaktoren**: Veränderungen in der Umgebung, wie ein Krankenhausaufenthalt oder der Wechsel des Wohnorts, können das Risiko erhöhen.
- **Vorhandene Erkrankungen**: Vorbestehende kognitive Beeinträchtigungen oder Demenz erhöhen die Wahrscheinlichkeit, ein Delir zu entwickeln.
- **Alkohol- oder Drogenentzug**: Plötzlicher Entzug kann ebenfalls zu einem Delir führen.

Symptome:

- **Kognitive Beeinträchtigungen**: Schwierigkeiten bei Aufmerksamkeit, Gedächtnis und Orientierungsfähigkeit.
- **Veränderungen im Bewusstseinszustand**: Schwankungen zwischen Verwirrtheit und Klarheit.
- **Verhaltensänderungen**: Unruhe, Halluzinationen oder Wahnvorstellungen sind möglich.
- **Schlafstörungen**: Unruhe in der Nacht und übermäßige Schläfrigkeit am Tag können auftreten.

- **Anamnese**: Eine gründliche Untersuchung der Krankengeschichte, einschließlich Informationen über akute Veränderungen im Verhalten und kognitiven Zustand.
- **Klinische Untersuchung**: Ein ausführliches körperliches und neurologisches Screening ist notwendig, um andere mögliche Ursachen auszuschließen.
- **Diagnosetests**: Die Anwendung von Screening-Tools (z.B. Mini-Mental State Examination) kann helfen, den Schweregrad der kognitiven Beeinträchtigung zu bewerten und zwischen Delir und Demenz zu differenzieren.
- **Berücksichtigung der Akutheit**: Delir tritt häufig plötzlich auf und ist typischerweise reversibel, während Demenz ein langsamerer, fortschreitender Prozess ist.

Diese Informationen sind entscheidend für Pflegekräfte, um akute Delire zu erkennen und angemessen darauf zu reagieren, insbesondere in der Altenpflege, wo das Risiko für solche Zustände höher ist.

2. Behandlung und Pflege von Delir

- **Ursachenbeseitigung**: Identifikation und Behandlung der zugrunde liegenden Ursachen des Delirs (z.B. Infektionen, Elektrolytstörungen, Medikamentenanpassungen).
- **Medikamentöse Therapie**: In schweren Fällen können antipsychotische Medikamente (z.B. Haloperidol) zur Beruhigung

des Patienten eingesetzt werden, jedoch mit Vorsicht und nur kurzfristig.

Pflegestrategien:

- **Ruhige und vertraute Umgebung**: Schaffung eines ruhigen, stabilen Umfelds, um Stress und Reizüberflutung zu vermeiden. Vertraute Gegenstände und Personen können helfen, die Sicherheit zu erhöhen.
- **Orientierungshilfen**: Verwendung von Uhren, Kalendern und persönlichen Gegenständen zur Unterstützung der Orientierung und zur Förderung des Zeitgefühls.
- **Kommunikation**: Klare, einfache und langsame Kommunikation. Vermeidung von Überforderung durch zu viele Informationen auf einmal.
- **Monitoring**: Regelmäßige Überwachung des Patienten auf Veränderungen im Bewusstseinszustand, Verhalten und Vitalzeichen. Engmaschige Kontrollen sind wichtig, um die Entwicklung des Delirs zu verfolgen.

Emotionale Unterstützung:

- **Beruhigende Ansprache**: Beruhigende Worte und das Einfühlen in die Sorgen des Patienten sind entscheidend, um Ängste abzubauen.
- **Aktives Zuhören**: Den Patienten ernst nehmen und ihm das Gefühl geben, dass seine Ängste und Gedanken gehört werden.

Prävention:

- **Vorbeugende Maßnahmen**: Identifizierung von Risikofaktoren und Implementierung von präventiven Strategien in der Pflege, um die Wahrscheinlichkeit eines Delirs zu reduzieren (z.B. Förderung einer guten Hydration, Vermeidung von Schlafstörungen).

- **Engmaschige Betreuung**: Für Patienten mit erhöhtem Risiko sollte eine engmaschige Betreuung und Überwachung eingerichtet werden.

Diese Informationen sind essenziell für die Unterstützung von Pflegekräften, um Delire frühzeitig zu erkennen und angemessen zu behandeln, um die Genesung des Patienten zu fördern und das Risiko für Komplikationen zu minimieren.

3. Prävention von Delir

Risikofaktoren identifizieren:

- **Frühzeitige Erkennung**: Identifizieren von Patienten mit einem erhöhten Risiko für Delir, z.B. ältere Menschen, Personen mit vorbestehenden kognitiven Beeinträchtigungen, akuten Erkrankungen oder nach Operationen.
- **Multifaktorielle Risikobewertung**: Berücksichtigung von Faktoren wie Dehydratation, Infektionen, Schlafstörungen und Medikamenteneffekten.

Umgebungsgestaltung:

- **Ruhige und vertraute Umgebung schaffen**: Minimierung von Lärm und Störungen. Nutzung von vertrauten Objekten, um ein Gefühl von Sicherheit zu vermitteln.
- **Orientierungshilfen bereitstellen**: Verwendung von Uhren, Kalendern und persönlichen Gegenständen zur Förderung der räumlichen und zeitlichen Orientierung.

Förderung der kognitiven Funktionen:

- **Aktivierung der kognitiven Fähigkeiten**: Fördern von geistiger Aktivität durch einfache Spiele, Gespräche und Erinnerungsübungen.
- **Soziale Interaktion**: Anreize für regelmäßige soziale Interaktionen schaffen, um Einsamkeit und Isolation zu vermeiden.

Körperliche Gesundheit unterstützen:

- **Hydration und Ernährung sicherstellen**: Auf ausreichende Flüssigkeitszufuhr und eine ausgewogene Ernährung achten, um Mangelernährungen und Dehydratation zu vermeiden.
- **Bewegungsförderung**: Regelmäßige Mobilisation und Bewegungsangebote, um die körperliche Gesundheit zu fördern und die Durchblutung zu verbessern.

Medikamentenmanagement:

- **Überprüfung der Medikation**: Regelmäßige Überprüfung und Anpassung der Medikation, um die Verabreichung potenziell problematischer Medikamente (z.B. Sedativa) zu minimieren.
- **Vermeidung von Polypharmazie**: Reduzierung der Anzahl der gleichzeitig eingenommenen Medikamente, um Wechselwirkungen und Nebenwirkungen zu vermeiden.

Schlafhygiene:

- **Förderung gesunder Schlafgewohnheiten**: Schaffung einer schlaffreundlichen Umgebung und Förderung von Routinen zur Verbesserung der Schlafqualität.

Diese präventiven Maßnahmen sind entscheidend, um das Risiko eines Delirs zu verringern und die Gesundheit und das Wohlbefinden älterer Menschen in der Pflege zu fördern.

Kapitel 6: Notfallmaßnahmen bei psychischen Krisen

1. Anzeichen und Warnsignale einer psychischen Krise

- **Verhaltensänderungen**: Plötzliche Veränderungen im Verhalten, wie Rückzug, erhöhte Reizbarkeit oder aggressive Ausbrüche.
- **Emotionale Anzeichen**: Überwältigende Traurigkeit, Angstzustände oder Stimmungsschwankungen, die über das übliche Maß hinausgehen.
- **Physische Symptome**: Veränderungen in Schlaf- oder Essgewohnheiten, körperliche Beschwerden ohne klare medizinische Ursache.
- **Kognitive Anzeichen**: Schwierigkeiten bei der Konzentration, Verwirrtheit oder das Gefühl der Entfremdung.
- **Suizidalität**: Äußerungen über Selbstmord oder Selbstverletzung, Anzeichen von extremem emotionalen Schmerz.

2. Allgemeine Notfallmaßnahmen bei Krisensituationen

- **Sicherheit gewährleisten**: Sofortige Sicherstellung einer sicheren Umgebung für den Betroffenen und alle Beteiligten.
- **Beruhigung und Stabilisierung**: Ruhig und klar mit dem Betroffenen kommunizieren, um ihn zu beruhigen und ein Gefühl der Sicherheit zu geben.

- **Zuhören und empathisches Verständnis**: Aktives Zuhören und die Gefühle des Betroffenen ernst nehmen, um Vertrauen zu schaffen.
- **Unterstützung anbieten**: Bereitschaft zeigen, den Betroffenen zu unterstützen, sei es durch Gespräche oder durch das Hinzuziehen von Fachleuten.
- **Professionelle Hilfe einholen**: Bei schwerwiegenden Krisen oder Anzeichen von akuten psychischen Erkrankungen sofort professionelle Hilfe anfordern.

3. Spezifische Notfallmaßnahmen

- **Akute Interventionen**: In akuten Krisensituationen (z.B. bei Suizidgedanken) sofortige Maßnahmen ergreifen, um die Sicherheit des Betroffenen zu gewährleisten, z.B. durch Kontaktaufnahme mit Notdiensten oder psychiatrischen Einrichtungen.
- **Verhaltenstherapeutische Ansätze**: Techniken zur Bewältigung von Stress und Angst anwenden, wie Atemübungen oder Achtsamkeitspraktiken.
- **Angebote zur Entspannung**: Beruhigende Aktivitäten oder Ressourcen bereitstellen, die dem Betroffenen helfen, sich zu entspannen (z.B. Musik, Kunsttherapie).
- **Nachsorge und Nachbetreuung**: Sicherstellen, dass der Betroffene nach der Krise Unterstützung erhält, z.B. durch Follow-up-Termine bei Therapeuten oder Selbsthilfegruppen.

Diese Informationen bieten eine umfassende Grundlage für den Umgang mit psychischen Krisen und helfen Pflegekräften, in kritischen Situationen angemessen zu reagieren.

Kapitel 7: Selbstfürsorge und Stressmanagement für Pflegekräfte

Dahinsiechende Bewohner, erschöpfte Pflegekräfte, katastrophale hygienische Zustände – dennoch verteilt der Pflege-TÜV Bestnoten an deutsche Pflegeheime. »Pflegerebell« Armin Rieger, selbst Heimbetreiber, legte sich für die alten Menschen mit dem deutschen Pflegesystem an. Denn ein Altern in Würde ist in unseren Heimen allzu oft schlicht unmöglich. Die Gründe: Personalmangel, Zeitdruck und vor allem das Streben nach Profit.

Die meisten von ihnen sind Menschen mit einer besonderen Einstellung zum Leben. Soziales Denken und Hilfsbereitschaft bis hin zur Selbstaufgabe sind Wesenszüge, die man hier häufiger antrifft als in anderen Berufen. Demütig erledigen sie ihre Arbeit bis zur Belastungsgrenze und auch darüber hinaus. Sie lassen sich ausnützen, weil der Wunsch und der Drang, den Menschen zu helfen, oft dazu führt, dass eine kritische Hinterfragung ihrer Situation und der eigentlichen Motivation ihrer Arbeitgeber dabei verloren geht – oder noch nie vorhanden war.

So formulierte es Armin Rieger in seinem Buch: „Der Pflege-Aufstand Ein Heimleiter entlarvt unser krankes System Würdige Altenpflege ist machbar https://amzn.to/48b3nfp

Umso wichtiger ist es für das Personal in der Pflege auf den eigenen gesundheitlichen und emotionalen Zustand zu achten.

1. Früherkennung von Burnout-Symptomen

- **Emotionale Erschöpfung:** Pflegekräfte erleben oft eine schleichende Erschöpfung, die sich durch anhaltende Müdigkeit äußert. Achten Sie besonders auf das Gefühl, ständig „leer" zu sein, auch nach ausreichender Erholung.

Ein Beispiel für das Gefühl, „leer" zu sein, könnte sein, wenn Sie nach einem freien Wochenende oder sogar einem längeren Urlaub zurück zur Arbeit kommen und sich trotzdem emotional erschöpft fühlen. Obwohl sie eigentlich körperlich ausgeruht sein müssten, verspüren Sie keinen Antrieb und keine Freude an ihrer Tätigkeit. Selbst alltägliche Aufgaben erscheinen überwältigend, und sie haben das Gefühl, nichts mehr geben zu können, obwohl sie sich ausreichend Zeit für Erholung genommen hat. Das ist ein typisches Zeichen emotionaler Erschöpfung und ein Warnsignal für Burnout.

- **Zynismus und Distanzierung:** Wachsende emotionale Distanz zu Patienten, Zynismus oder Gleichgültigkeit gegenüber der Pflegearbeit können frühe Anzeichen von Burnout sein.
- **Leistungsminderung:** Unfähigkeit, die üblichen Aufgaben zu bewältigen, kann auf Burnout hinweisen. Achten Sie auf wiederholte Fehler, Konzentrationsprobleme oder das Gefühl der Überforderung.
- **Physische Symptome:** Körperliche Beschwerden wie Kopfschmerzen, Magenprobleme, Schlafstörungen oder Muskelverspannungen sind häufig mit übermäßigem Stress verbunden.
- **Soziale Isolation:** Wenn Sie sich von Kollegen, Freunden oder Familie zurückziehen und emotionale Unterstützung meiden, kann dies ein Warnsignal sein.
- **Anhaltende Müdigkeit:** Pflegekräfte berichten oft, dass sie sich auch nach einem freien Tag oder ausreichend Schlaf nicht erholt fühlen.

2. Stressmanagement und Burnout-Prävention

- **Aktive Pausengestaltung:** Nutzen Sie Pausen bewusst zur Erholung. Kurze Atemübungen oder ein Spaziergang können helfen, den Kopf freizubekommen und die Energie zurückzubringen.

- **Work-Life-Balance planen:** Setzen Sie klare Grenzen zwischen
  Arbeit und Freizeit. Es kann hilfreich sein, nach der Arbeit eine
  Aktivität zu planen, die den Tag abschließt und mentale Distanz zur
  Arbeit schafft.
- **Atemtechniken und Achtsamkeit:** Praktizieren Sie gezielte
  Atemübungen oder Achtsamkeitstechniken, um in stressigen
  Momenten einen klaren Kopf zu behalten. Atemübungen können
  auch als „Soforthilfe" während intensiver Arbeitsphasen dienen.
- **Supervision und Feedback:** Regelmäßige Supervisionssitzungen
  mit einem Mentor oder Coach bieten die Möglichkeit, schwierige
  Situationen zu reflektieren und professionelle Unterstützung zu
  erhalten.
- **Gesunde Routinen aufbauen:** Etablieren Sie feste Rituale für
  regelmäßige Bewegung, Schlaf und gesunde Ernährung. Schon 10
  Minuten tägliche Bewegung können helfen, Stress abzubauen.
- **Kollegiale Unterstützung:** Tauschen Sie sich mit Kollegen aus,
  insbesondere in emotional belastenden Phasen. Gemeinsame
  Gespräche über Erfahrungen können entlastend wirken und
  Zusammenhalt stärken.

3. Selbstfürsorge und Unterstützungssysteme

- **Regelmäßige Selbstreflexion:** Nehmen Sie sich wöchentlich Zeit,
  um innezuhalten und Ihre beruflichen und persönlichen Belastungen
  zu reflektieren. Fragen Sie sich: „Wie fühle ich mich? Was brauche
  ich gerade?"
- **Frühzeitige Hilfe suchen:** Bei anhaltenden Symptomen, die auf ein
  Burnout oder übermäßigen Stress hinweisen, zögern Sie nicht,
  professionelle Hilfe in Anspruch zu nehmen. Dies könnte ein Berater
  oder Therapeut sein.

- **Peer-Support-Gruppen:** In Selbsthilfegruppen können Sie sich mit anderen Pflegekräften austauschen, die ähnliche Herausforderungen erleben. Gemeinsam lassen sich Wege finden, um Stress besser zu bewältigen.
- **Entspannende Hobbys pflegen:** Verbringen Sie regelmäßig Zeit mit Hobbys oder Aktivitäten, die Ihnen Freude bereiten. Dies kann helfen, emotional aufzutanken und Abstand zum Arbeitsalltag zu gewinnen.
- **Individuelle Stressbewältigung:** Entwickeln Sie für sich persönliche Strategien, die Ihnen in stressigen Situationen helfen. Dies könnte das Führen eines Tagebuchs, das regelmäßige Üben von Yoga oder das bewusste Verlassen einer belastenden Situation sein.

Schlusswort

Liebe Leserinnen und Leser,

nachdem wir gemeinsam die vielschichtigen Facetten psychischer Erkrankungen im Alter erkundet haben, möchte ich Ihnen für Ihr Interesse und Ihre Aufmerksamkeit danken. Die Auseinandersetzung mit diesem Thema ist nicht nur notwendig, sondern auch unerlässlich, um die Lebensqualität älterer Menschen zu verbessern und ihnen die Unterstützung zu bieten, die sie verdienen.

Wir haben die Grundlagen psychischer Erkrankungen, deren Auswirkungen und die spezifischen Herausforderungen im Pflegealltag behandelt. Ebenso haben wir wertvolle Strategien für den Umgang mit diesen Erkrankungen erörtert. Es liegt in unserer Verantwortung, ein Umfeld zu schaffen, das Verständnis, Empathie und Respekt fördert.

Jeder Mensch, der mit psychischen Erkrankungen konfrontiert ist, verdient es, gehört und gesehen zu werden. Indem wir unsere Perspektiven erweitern und unser Wissen vertiefen, können wir dazu beitragen, Vorurteile abzubauen und ein unterstützendes Netzwerk für Betroffene und ihre Angehörigen zu schaffen.

Ich ermutige Sie, die gewonnenen Erkenntnisse in Ihren Alltag zu integrieren und aktiv an der Verbesserung der Pflege und Unterstützung älterer Menschen mit psychischen Erkrankungen mitzuwirken. Ihr Engagement ist der Schlüssel zu einem respektvollen und verständnisvollen Umgang mit psychischen Erkrankungen.

Abschließend möchte ich Ihnen viel Erfolg auf Ihrem Weg wünschen. Lassen Sie uns gemeinsam an einer Gesellschaft arbeiten, die sich um die Bedürfnisse aller kümmert, insbesondere derjenigen, die im Alter oft in den Hintergrund treten.

Herzliche Grüße,

Dozent und Coach Holger Kiefer

Die ganzheitliche Perspektive:

Oft stellt sich die Frage nach dem Sinn des Lebens. Aus meiner Sicht lassen sich zwei zentrale Aspekte hervorheben: Zum einen, sich von den Lasten zu befreien, die entweder durch unsere Vorfahren weitergegeben wurden oder die wir uns im Laufe des Lebens selbst aufgebürdet haben. Zum anderen, den tieferen Sinn des Lebens zu erkennen. Man könnte dies noch erweitern und sagen, dass es darum geht, seine persönliche Lebensaufgabe zu finden und zu meistern. Das Ziel ist, Freiheit, Erkenntnis, inneren Frieden und ein gesundes Altern zu erreichen. Am Ende steht die Möglichkeit, zu dem zurückzukehren, was ursprünglich für uns von der Schöpfung vorgesehen war, einem erfüllten Leben in der Gemeinschaft mit allem was uns umgibt. Leben wir im Widerspruch zu den genannten Themen und falschen Lebensweisen, erkranken wir.

Die Unzufriedenheit mit dem eigenen Leben, den gegebenen Verhältnissen, den nicht verwirklichten Wünschen und Zielen führen zu einer energetischen und teilweise psychischen Erschöpfung , so dass die Lebensenergie und der Energiestatus in Organen und Zellen Mangel erleidet, was die Entstehung von Krankheiten, körperlich, sowie psychisch begünstigt.

Trauma, Emotionen und energetische Blockaden im Zusammenhang mit psychischen Erkrankungen

1. Trauma und psychische Erkrankungen

- **Psychotraumatische Störungen:** Forschung hat gezeigt, dass traumatische Erlebnisse, insbesondere in der Kindheit, das Risiko für die Entwicklung psychischer Erkrankungen wie PTSD (Posttraumatische Belastungsstörung), Angststörungen und Depressionen erhöhen können.

- **Emotionales Gedächtnis:** Trauma kann zu emotionalen Blockaden führen, die sich negativ auf die psychische Gesundheit auswirken.

2. Energieblockaden

- **Chakras und Meridianen:** In der Traditionellen Chinesischen Medizin und im Ayurveda wird angenommen, dass psychische und physische Gesundheit durch die Balance von Energieflüssen im Körper beeinflusst wird. Blockaden in den Chakras oder Meridianen können sich sowohl physisch als auch psychisch auswirken.
- **Energiearbeit:** Techniken wie Reiki oder Akupunktur zielen darauf ab, diese Blockaden zu lösen und das energetische Gleichgewicht wiederherzustellen, was oft auch zu einer Verbesserung der psychischen Gesundheit führt.

3. Emotionen und psychische Gesundheit

- **Wut und unverarbeitete Emotionen:** Unverarbeitete Wut oder andere starke Emotionen können zu psychischen Erkrankungen führen. Therapeuten setzen oft emotionale Verarbeitung und Ausdruck als Teil der Therapie ein.
- **Mangelnde Vergebung:** Psychologen und Therapeuten argumentieren, dass das Festhalten an Groll oder Unversöhnlichkeit die psychische Gesundheit belasten kann. Vergebung wird oft als Schritt zur Heilung betrachtet.

4. Körperliche Speicherung von Emotionen

- **Somatische Psychologie:** Diese Therapieform betrachtet die Wechselwirkungen zwischen Körper und Psyche und wie Emotionen in den Körperzellen gespeichert werden können. Schmerzen, Verspannungen oder andere körperliche Symptome werden oft mit unverarbeiteten emotionalen Erlebnissen in Verbindung gebracht.
- **Körpertherapie:** Techniken wie Feldenkrais oder die Atemtherapie zielen darauf ab, emotionale Blockaden im Körper zu lösen und die Verbindung zwischen Körper und Geist zu stärken.

Die Verbindung zwischen psychischen Erkrankungen und den genannten Faktoren ist komplex und individuell. Während wissenschaftliche Belege für einige dieser Theorien variieren, wird der integrative Ansatz, der Körper, Geist und Emotionen einbezieht, in der Psychotherapie und ganzheitlichen Heilmethoden immer beliebter. Eine ganzheitliche Betrachtung, die sowohl psychologische als auch körperliche Aspekte berücksichtigt, kann oft zu besseren Ergebnissen in der Behandlung psychischer Erkrankungen führen.

Unterstützung bei psychischen Erkrankungen durch Energiearbeit

In meiner Arbeit als Coach unterstütze ich Menschen, auch bei psychischen Belastungen, durch gezieltes Mentaltraining und Energiearbeit. Diese Methoden ersetzen keine medizinische Behandlung, sondern ergänzen sie sinnvoll.

Der Schwerpunkt meiner Energiearbeit liegt auf der Erkenntnis, dass Gedanken und Emotionen wie Wut, Hass, Liebe oder Freude oder erlebte Traumata Energieformen darstellen. Diese Erfahrungen oder Verhaltensweisen sind Energien mit denen wir bewusst oder unbewusst interagieren und sie beeinflussen unser Verhalten, unseren Körper und sogar die biochemischen Prozesse in unserem Gehirn. Wenn sich Energien im Körper oder in der Psyche blockieren, können sie unser Wohlbefinden beeinträchtigen.

Meine Arbeit zielt darauf ab, solche Energieblockaden erkennen zu helfen und zu lösen. Dabei arbeite ich mit den bereits bestehenden Informationen, Frequenzen und Schwingungen, die in uns bzw. bei Klienten wirken. Durch mentale Anweisungen und energetische Frequenzumwandlungen im Informationsfeld der Person helfe ich dabei, festgesetzte oder unterdrückte Emotionen, schmerzahfte Erinnerungen aus dem Zellgedächsnis aufzulösen.

BOVIS LIFE FORCE (CHI) BIOENERGY UNITS DOWSING CHART

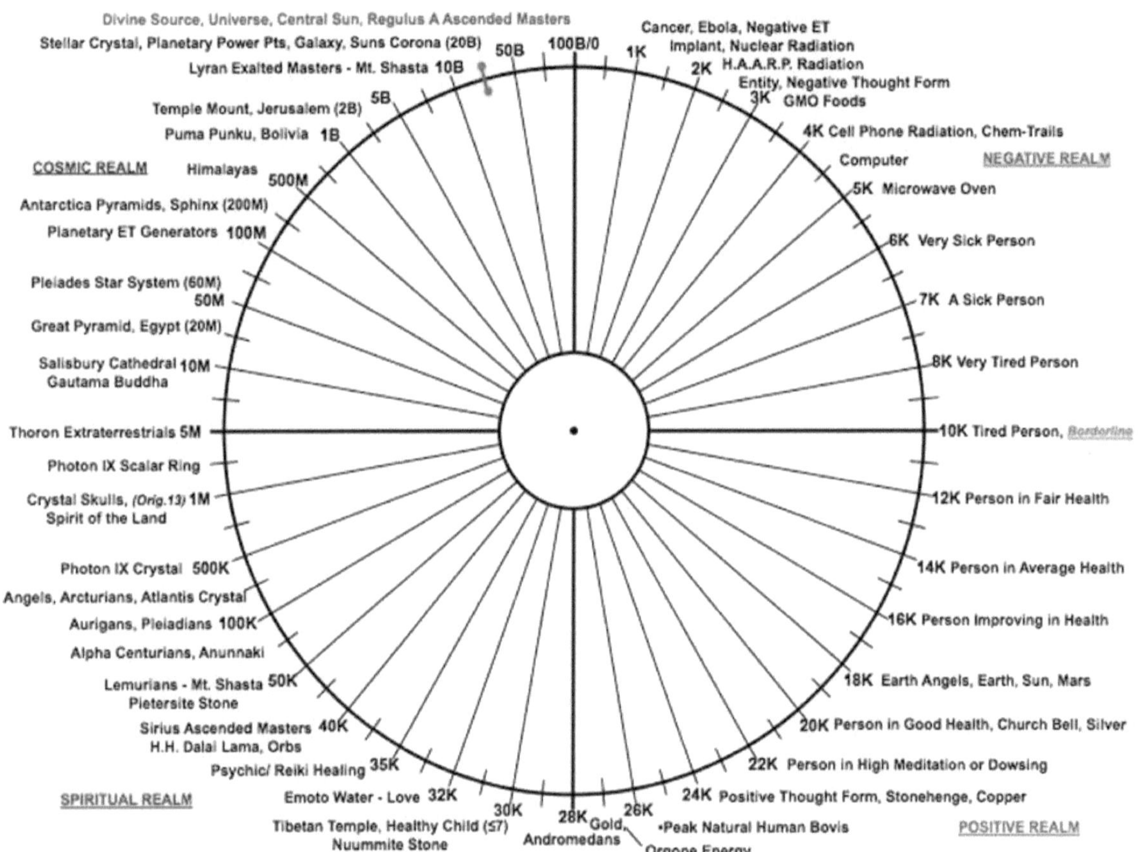

Auch wenn diese Methode kein Heilversprechen darstellt, können sich positive Wirkungen in vielen Fällen zeigen – insbesondere bei Beziehungsproblemen, gesundheitlichen Herausforderungen oder

psychischen Belastungen. Oft berichten meine Klienten von spürbaren
Verbesserungen und erstaunlichen Veränderungen nach den Sitzungen.

Ermutigung zur Entdeckung alternativer Heilmethoden

Manchmal begegnet man alternativen Heilmethoden mit einer gewissen
Skepsis – und das ist völlig verständlich! Aber vielleicht ist genau diese
Skepsis eine Einladung, sich einfach einmal auf Neues einzulassen.
Methoden wie Energiearbeit, Akupunktur oder Musiktherapie setzen oft dort
an, wo die klassische Medizin ihre Grenzen erreicht. Sie aktivieren die
Selbstheilungskräfte, beruhigen den Geist und bringen den Körper in
Balance. Gleiches gilt für die Arbeit mit dem Coach Holger Kiefer.

Natürlich ist es wichtig, kritisch zu bleiben, aber warum nicht den eigenen
Horizont erweitern? Vielleicht entdecken Sie auf diesem Weg etwas, das Sie
positiv überrascht und bereichert. Am Ende haben Sie nichts zu verlieren,
aber möglicherweise viel zu gewinnen – sei es mehr innerer Frieden,
weniger Stress oder eine neue Sicht auf Ihre Gesundheit.

Geben Sie sich die Chance, es auszuprobieren!

Ich stelle Ihnen auch die Vorteile und eventuelle Bedenken vor, entscheiden
Sie selbst, ob Sie meine Dienste in Anspruch nehmen oder mich
weiterempfehlen.

Vorteile:

1. Ganzheitlicher Ansatz: Energiearbeit betont die Verbindung zwischen Körper, Geist und Emotionen. Dieser Ansatz kann Menschen helfen, ihre psychischen und emotionalen Herausforderungen aus einer breiteren Perspektive zu betrachten.

2. Individuelle Anpassung: Die Möglichkeit, individuelle Ziele zu setzen und auf persönliche Bedürfnisse einzugehen, kann den Heilungsprozess fördern.

3. Achtsamkeit und Selbstbewusstsein: Achtsamkeitstechniken können Klienten helfen, sich ihrer Emotionen und Denkmuster bewusster zu werden, was zu einer besseren Selbstregulation und emotionalen Stabilität führen kann.

4. Wohlbefinden und Entspannung: Viele Klienten berichten von einem Gefühl der Entspannung und des Wohlbefindens nach solchen Sitzungen, was zur allgemeinen Lebensqualität beitragen kann.

Kritische Perspektiven:

1. Wissenschaftliche Basis: Energiearbeit und ähnliche Praktiken sind oft nicht ausreichend durch wissenschaftliche Forschung gestützt. Kritiker argumentieren, dass viele dieser Methoden auf Aberglauben oder unbewiesenen Theorien basieren.

2. Ersatz für medizinische Behandlung: Es besteht die Gefahr, dass Klienten alternative Therapien als Ersatz für konventionelle medizinische oder psychotherapeutische Behandlungen betrachten, was zu einer Verzögerung der notwendigen medizinischen Versorgung führen könnte.

3. Subjektive Erfahrungen: Die Wirksamkeit solcher Praktiken kann stark von der subjektiven Wahrnehmung der Klienten abhängen. Was für den einen funktioniert, muss nicht unbedingt für den anderen gelten.

4. Ethik und Qualifikation: Da diese Methoden nicht immer reguliert sind, ist es wichtig, dass Therapeuten über die notwendige Ausbildung und Erfahrung verfügen, um Klienten sicher und verantwortungsbewusst zu unterstützen.

Die Kombination von Energiearbeit und Achtsamkeit kann für manche Menschen hilfreich sein, insbesondere als Ergänzung zu anderen therapeutischen Ansätzen. Wichtig ist, dass Klienten gut informiert sind, realistische Erwartungen haben und sich auch über die Möglichkeiten und Grenzen dieser Methoden bewusst sind. **Ein integrativer Ansatz, der auch evidenzbasierte Therapien einschließt, könnte die besten Ergebnisse liefern**.

Protokoll einer energetischen Brain-Behandlung

In dem Behandlungsprotokoll wurde die Name der Person durch „Name" ersetzt. Nachfolgend das Protokoll von einer ich nenne es Heil-Sitzung, welches unter Verwendung einer vorherigen Austesttung und von Pendel-Heilung durchgeführt wurde:

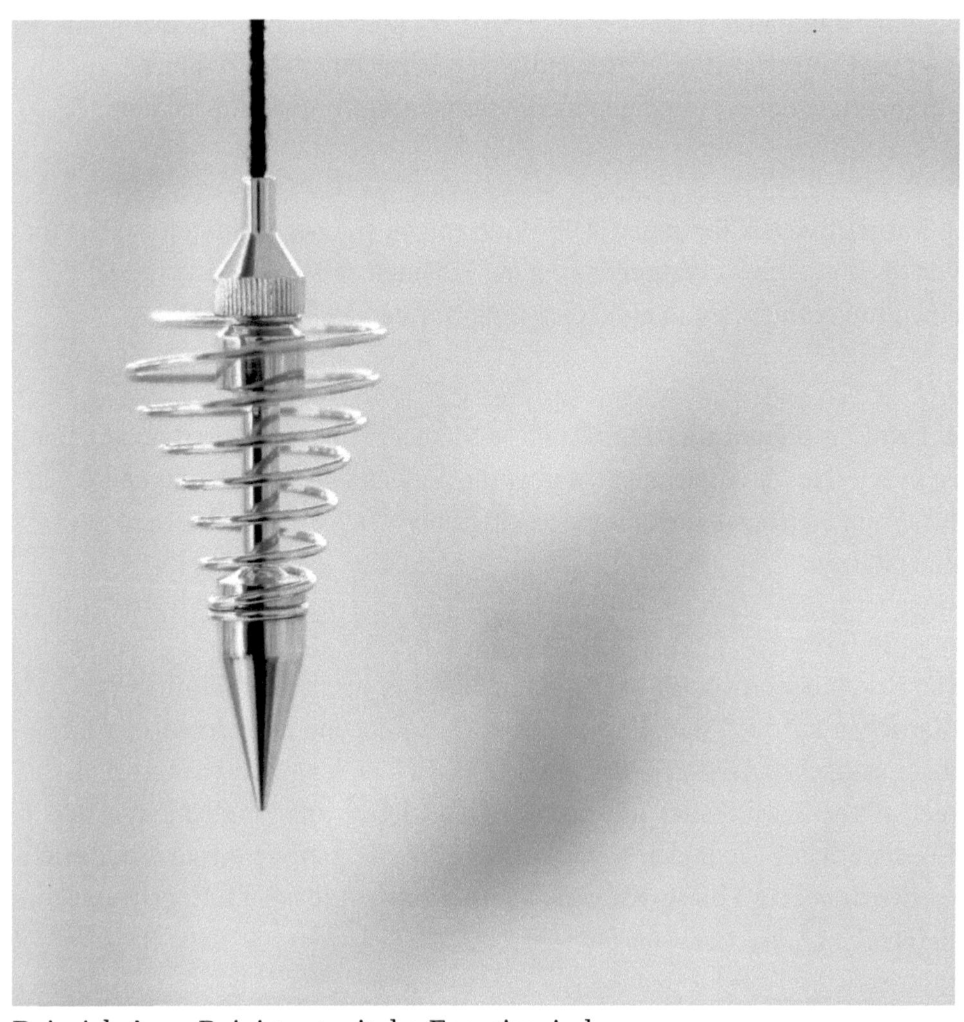

Beispiel: Aura-Reinigung mit der Energiespirale

- **Entferne alle Blockaden für die Heilung x 100 für das höchste Wohl von Name und allen Beteiligten, jetzt, sofort, dauerhaft, in allen Lebenszeiten, in allen Räumen und in allen Kontinua.**
- Erhöhe die Fähigkeit von Name, die Heilung auf höchster Ebene zum höchsten Wohle von Name und allen Beteiligten zu empfangen, jetzt, sofort, dauerhaft, in allen Lebenszeiten, in allen Räumen und in allen Kontinua.
- Beseitige alle negativen Energien und andere schädliche Schwingungen, einschließlich der Durchtrennung der ätherischen Fäden um Name herum zu seinem höchsten Wohl und zum höchsten Wohl aller Beteiligten, „jetzt, sofort, dauerhaft, in allen Lebenszeiten, in allen Räumen und in allen Kontinua".
- Löse alle negative emotionale Energie aus den Psoas-Muskeln zum höchsten Wohl von Name und allen Beteiligten, „jetzt, sofort, dauerhaft, in allen Lebenszeiten, über alle Zeiten, Räume und Kontinuen hinweg".
- Erhöhe die Funktionalität der Psoas-Muskeln, sodass sie optimal gedehnt und gestärkt werden und zum höchsten Wohl von Name und allen Beteiligten „jetzt, sofort, dauerhaft, in allen Lebenszeiten, in allen Räumen und in allen Kontinua" funktionieren.
- **Überprüfe, welche Emotionen geklärt werden müssen, und kläre sie einzeln.**
- Name gibt alle negative emotionale Energie frei, die (ihr Problem) jetzt, sofort und dauerhaft in allen Lebenszeiten über alle Zeiten, Räume und Kontinuen hinweg beeinflusst.
- Name erfährt vollständige Sicherheit, Klarheit und Bewusstsein auf höchstem Niveau jetzt, sofort und dauerhaft in allen Lebenszeiten über alle Zeiten, Räume und Kontinuen hinweg.
- **Löse alle Blockaden in den Meridianen von Name** zum höchsten Wohl von Name und allen Beteiligten, „jetzt, sofort, dauerhaft, in

allen Lebenszeiten, über alle Zeiten, Räume und Kontinente hinweg".

- **Repariere und heile alle Meridiane von Name** zum höchsten Wohle von Name und allen Beteiligten, „jetzt, sofort, dauerhaft, in allen Lebenszeiten, über alle Zeiten, Räume und Kontinuen hinweg".
- **Überprüfe, welche Chakren gereinigt werden müssen, und reinige sie einzeln.**
- **Löse alle Blockaden in den Haupt- und Nebenchakren von Name, sowohl vorne als auch hinten**, zum höchsten Wohle von Name und allen Beteiligten, „jetzt, sofort, dauerhaft, in allen Lebenszeiten, in allen Räumen und in allen Kontinua".
- **Repariere, heile und öffne alle Haupt- und Nebenchakren von Name, sowohl vorne als auch hinten**, zum höchsten Wohle von Name und allen Beteiligten, „jetzt, sofort, dauerhaft, in allen Lebenszeiten, in allen Räumen und in allen Kontinua".
- Richte die **Haupt- und Nebenchakren von Name aus, sowohl vorne als auch hinten**, zu seinem höchsten Wohl und dem aller Beteiligten, „jetzt, sofort, dauerhaft, in allen Lebenszeiten, über alle Zeiten, Räume und Kontinuen".
- **Reinige alle Schichten der Aura von Name** zum höchsten Wohle von Name und allen Beteiligten, „jetzt, sofort, dauerhaft, in allen Lebenszeiten, über alle Zeiten, Räume und Kontinuen hinweg".
- **Repariere und heile alle Schichten der Aura von Name** zum höchsten Wohle von Name und allen Beteiligten, „jetzt, sofort, dauerhaft, in allen Lebenszeiten, über alle Zeiten, Räume und Kontinuen hinweg".
- Verschiebe den **Assemblierungspunkt** an seinen optimalen Ort zum höchsten Wohl von Name und allen Beteiligten, „jetzt, sofort, dauerhaft, in allen Lebenszeiten, über alle Zeiten, Räume und Kontinuen hinweg".

- Passe den Winkel des **Assemblage-Punkts** an den optimalen Winkel an, um das höchste Wohl von Name und allen Beteiligten „jetzt, sofort, dauerhaft, in allen Lebenszeiten, über alle Zeiten, Räume und Kontinuen" zu erreichen.

- *Balance Name's **Hara Line** so dass sie* sich in der Mitte seines physischen Körpers befindet, gerade ist, richtig geformt ist, richtig mit Energie versorgt ist, richtig mit seinem ID-Punkt und dem Erdkern verbunden ist, für Name's höchstes Wohl und aller Beteiligten, jetzt, sofort, dauerhaft, in allen Lebenszeiten, in allen Räumen und in allen Kontinua.

- *Ausgleich von Yin und Yang* für das höchste Wohl von Name und aller Beteiligten, „jetzt, sofort, dauerhaft, in allen Lebenszeiten, über alle Zeiten, Räume und Kontinuen hinweg".

- *Synchronisiere die Auren, Chakren und das Meridiansystem* zum höchsten Wohl von Name und zum höchsten Wohl aller Beteiligten, „jetzt, sofort, dauerhaft, in allen Lebenszeiten, über alle Zeiten, Räume und Kontinuen hinweg".

- Entferne alle Traumata aus dem Körper von Name zum höchsten Wohle von Name und allen Beteiligten, „jetzt, sofort, dauerhaft, in allen Lebenszeiten, über alle Zeiten, Räume und Kontinuen hinweg".

- Harmonisiere alle Medikamente, Nahrungsergänzungsmittel und Kräuter mit dem Körper von Name zum höchsten Wohle von Name und allen Beteiligten, „jetzt, sofort, dauerhaft, in allen Lebenszeiten, über alle Zeiten, Räume und Kontinente hinweg".

- Neutralisiere jegliche negative Energie, die im Körper und in der Aura verblieben ist, zum höchsten Wohle von Name und allen Beteiligten, „jetzt, sofort, dauerhaft und in allen Zeiträumen".

- Erhöhe das Bewusstsein und die Schwingungen von Name auf das höchstmögliche Niveau für die Gesundheit, das Wohlbefinden und die Beziehungen von Name zu ihrem höchsten Wohl und dem höchsten Wohl aller Beteiligten, „jetzt, sofort, dauerhaft, in allen Lebenszeiten, über alle Zeiten, Räume und Kontinente hinweg".

- Erhöhe den Lebenswillen von Name auf die höchste Stufe zum höchsten Wohle von Name und zum höchsten Wohle aller Beteiligten, „jetzt, sofort, dauerhaft, in allen Lebenszeiten, in allen Räumen und in allen Kontinua".
- Erhöhe die Menge an Liebe in jeder Zelle, jedem Gewebe und jedem Organ auf das höchstmögliche Niveau zum höchsten Wohl von Name und allen Beteiligten, „jetzt, sofort, dauerhaft, in allen Lebenszeiten, in allen Räumen und in allen Kontinua".
- Stärkung des Immunsystems x 1000 zum höchsten Wohl von Name und allen Beteiligten „jetzt, sofort, dauerhaft, in allen Lebenszeiten, über alle Räume und Kontinuen hinweg".
- Steigere die positive Einstellung zum höchsten Wohle von Name und allen Beteiligten, jetzt, sofort, dauerhaft und über alle Zeiträume hinweg.
- Steigere die Beweglichkeit und Flexibilität der Gelenke zum höchsten Wohle von Name und allen Beteiligten, jetzt, sofort, dauerhaft und über alle Zeiträume hinweg.
- Die Energie der Zellen, Gewebe und Organe von Name in Blau-Grün umwandeln, zum höchsten Wohle von Name und allen Beteiligten, „jetzt, sofort, dauerhaft und auf alle Zeiten".
- Das Gefühl von Name, sicher, geliebt und geborgen zu sein, zu seinem höchsten Wohle und dem aller Beteiligten steigern, „jetzt, sofort, dauerhaft und auf alle Zeiten".
- Erhöhe die Vitalität auf das höchste Niveau für Gesundheit und Wohlbefinden zum höchsten Wohl von Name und allen Beteiligten, „jetzt, sofort, dauerhaft und für alle Zeiten".
- Erhöhe die Schwingungen von Name in Bezug auf Liebe, Freude, Schutz und Frieden auf das höchstmögliche Niveau für ihr höchstes

Wohl und das höchste Wohl aller Beteiligten, „jetzt, sofort, dauerhaft und für alle Zeiten".

- Harmonisiere alle Beziehungen von Name zu Menschen, Orten und Umständen, denen sie heute begegnen werden, zu ihrem höchsten Wohl und zum höchsten Wohl aller Beteiligten, „jetzt, sofort, dauerhaft und für alle Zeiten".

- Steigere die Fähigkeit von Name, den ganzen Tag über in jeder Situation, der er begegnet, ruhig zu bleiben, zu seinem höchsten Wohl und zum höchsten Wohl aller Beteiligten, „jetzt, sofort, dauerhaft und für alle Zeiten".

- Löse den Schmerz und alle Winkel seines Ursprungs zu 1000-fach aus dem betroffenen Bereich zum höchsten Wohl von Name und allen Beteiligten, „jetzt, sofort, dauerhaft, in allen Lebenszeiten, in allen Räumen und in allen Kontinua".

- Richte das Unterbewusstsein, das Bewusstsein, das Herz, den Körper und die Seele von Name so aus, dass sie alle mit der höchsten Schwingung übereinstimmen. Richte alle Organe von Name so aus, dass sie einander sehen und auf allen Ebenen des Seins in perfekter Harmonie arbeiten, zum höchsten Wohle von Name und allen Beteiligten, „jetzt, sofort, dauerhaft, in allen Lebenszeiten, in allen Räumen und in allen Kontinua".

- Heile das innere Kind von Name und allen Beteiligten „jetzt, sofort, dauerhaft, in allen Lebenszeiten, über alle Zeiten, Räume und Kontinuen hinweg".

- Bitte stelle dich mit göttlicher Intervention darauf ein, (Name des Klienten) die richtige Verbindung zu allen Lebenskräften auf allen drei Ebenen der Seele (Seele, Geist und verleugneter Aspekt des Selbst) zu geben. Tu dies für unser höchstes Wohl jetzt, sofort, dauerhaft und in allen Zeitrahmen, Zeit, Raum und Kontinuen.

-

- **Emotionen**

Analysiere die Zeitlinien aller Personen auf der Heilungsliste, einschließlich meiner eigenen, und lasse alle gefangenen Emotionen aus unseren Körpern, Organen, Energiefeldern und aus allen vergangenen Leben, die wir bereit sind loszulassen, in dieses Leben los,
durchtrenne die Verbindungen und lasse die Anhaftungen los und fülle die Leere mit heilendem weißem Licht. Tue all dies zum höchsten Wohle aller Personen auf meiner Heilungsliste und aller Beteiligten, jetzt, sofort, dauerhaft und in allen Zeitrahmen, in allen Räumen und Kontinuen.

- **Selbstausdruck**

Entferne alle Blockaden, die wir in diesem oder einem anderen Leben haben, um uns selbst auszudrücken. Stärke und harmonisiere das Kehlchakra, damit es optimal funktioniert und wir uns ausdrücken können. Stärke und harmonisiere das Solarplexus-Chakra, damit wir den Willen haben, uns auf vollkommene Weise unter der Gnade auszudrücken. Verwandle uns in Menschen, die Spannungen durch sich hindurchfließen lassen können. Tu all dies zum höchsten Wohle aller auf meiner Heilungsliste und aller Betroffenen, jetzt, sofort, dauerhaft und in allen Zeiträumen, in Zeit, Raum und Kontinua.

- Erhöhe den Lebenswillen der Person und den Lebenswillen aller Organe auf das Höchste zum höchsten Wohle aller Beteiligten jetzt, sofort, dauerhaft und in allen Zeiträumen, in Zeit, Raum und Kontinua.

- Erhöhe das Vitalitätsniveau der Person und aller Organe auf 1000 % zum höchsten Wohle aller Beteiligten jetzt, sofort, dauerhaft und in allen Zeiträumen, in Zeit, Raum und Kontinuen.
- Erhöhe das Bewusstseinsniveau der Person und aller Organe auf Liebe oder höher zum höchsten Wohle aller Beteiligten jetzt, sofort, dauerhaft und in allen Zeitrahmen, in Zeit, Raum und Kontinuität.
- Erhöhe das Niveau des Mutes der Person und aller Organe auf das höchste Niveau zum höchsten Wohle aller Beteiligten jetzt, sofort, dauerhaft und in allen Zeiträumen, in allen Räumen und Kontinuen.

- Erhöhe das Niveau der Selbstliebe der Person zum höchsten Wohle aller Beteiligten jetzt, sofort, dauerhaft und in allen Zeiträumen, in allen Räumen und Kontinuen.

Wie viele derartige oder ähnliche Sitzungen (auch über Entfernung, als Fernbehandlung möglich, weil Gedanken und Energie keine Entfernungen kennt) **erforderlich sind, unterscheidet sich je nach Einzelfall.**

Für Bedürftige Menschen gibt es auch die Möglichkeit für einen Sozialpreis. Vorraussetzung für die Fernbehandlungen die Online durchgeführt werden, sind <u>Mikrofon und Kamera</u> erforderlich. Ansonsten erfolgt keine Annahme von Anfragen.

Impressum:

Holger Kiefer
Kopernikusstr. 14 - D-90766 Fürth
0162-9291723
beratungholgerkiefer@gmx.de
https://heil-weg.de
https://kiefer-coaching.de

Weitere Veröffentlichungen von Holger Kiefer

https://heil-weg.de/verlag

https://heil-weg.de/verlag

https://heil-weg.de/verlag

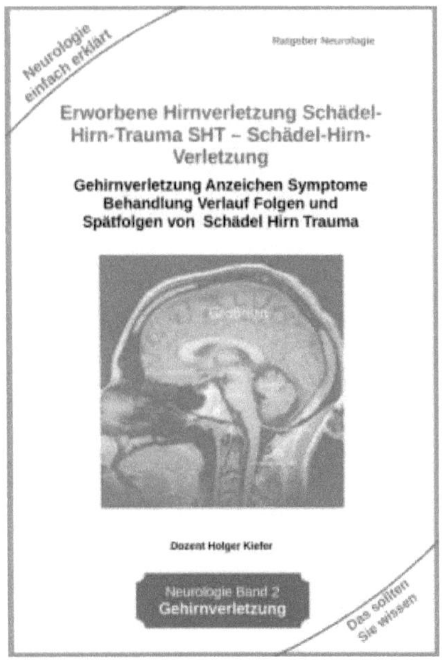

https://heil-weg.de/verlag

https://kiefer-coaching.de/verlag

https://heil-weg.de/verlag

Alkoholentzug und Entzugserscheinungen Alkoholentzugssyndrom – Alkoholismus Alkoholentzug Therapie bei Alkoholabhängigkeit

Alkohol gesundheitliche Folgen von Alkoholismus körperliche Symptome und Auswirkungen auf die Psyche – Alkoholismus **Leitfaden für Fachkräfte**

Ernährung für einen gesunden Darm – Empfohlene Ernährungstipps für eine gesunde Verdauung nicht nur bei Magen-Darmproblem

Abulie und Akinetischer Mutismus Symptome – Abulie Mangel an Willenskraft Initiative Antriebslosigkeit Langsamkeit des Denkens Bradyphrenie Sprachstörung

Das Schlaf Buch – Schlaf gut ohne Schlafprobleme - Schlaflosigkeit? – Endlich den Schlaf verbessern – nie mehr Schlaflos bei Agrypnie, Insomnie und Hyposomnie

Das Rückenprobleme Buch – Rückenschmerzen was hilft schnell – Heilverfahren TCM, Ayurveda, Übungen zusätzlich Ursachen Ödeme und Psychosomatische Beschwerden

Powerfood für Kinder und Jugendliche: Gesunde Ernährung für Kinder Ratgeber für Eltern - Der Ernährungsratgeber: Für Säuglinge und Kleinkinder, Kinder und Jugendliche, Erwachsene, schwangere Frauen und stillende Mütter sowie ältere Erwachsene

Alles über Sonnenbrand und Sonnenschutz - Bewährte Hausmittel bei Sonnenbrand und mehr

Philosophen über Zufriedenheit – Zitate - Philosophie Glück – Zufriedenheit lernen – Zufriedenheit im Leben Zitate der bekanntesten Philosophen

Alles über Zecken Zeckenbiss Mensch & Tier - Antworten auf häufig gestellte Fragen zu Zeckenstich, Zecken entfernen, Infektion, Impfung

Weitere Titel von Holger Kiefer hier unter Kiefer-Coaching-Verlag:

https://kiefer-coaching.de/verlag/

Bücher für Eltern und Kinder:

Konzentrationstraining für Kinder von Klein bis Groß Arbeitsbuch und Anleitung

Horace das Einzigartige Nilpferd Eine Geschichte über Selbstakzeptanz - Das Buch Horace das Einzigartige Nilpferd ein Buch zum Vorlesen, Lesen und Ausmalen

Mein Ausmalbuch zum Buchstaben lernen - Intuitives Buchstaben schreiben lernen von klein auf

Gratis Buch Kinderbuchkatalog - Download als PDF Der Kinderbuch Katalog – beliebteste Kinderbücher der Kinderbücher Bestenliste. Kinderbücher, die jeder gelesen haben sollte

Bücher für Erwachsene:

Philosophen über Zufriedenheit – Zitate - Philosophie Glück – Zufriedenheit lernen – Zufriedenheit im Leben Zitate der bekanntesten Philosophen

Die Macht der WHO: Gesundheitsdiktatur oder Schutz der Menschheit?

Lernen von einem CIA-Agenten – die psychologische Kriegsführung - USA, China, Russland, Europa – jeder ist in Gefahr – Ein CIA-Insider packt aus

Dark Triad – Dunkle Triade - Narzissten – Psychopathen – Machiavellisten

Der Disziplin Code - Wie man Disziplin und Selbstdisziplin erlangt

Glücklich als Single 49 Tipps für Singles - Stars über Glück statt Einsamkeit – so gelingt es

Selbstwert von innen heraus - Eine Reise zu mehr Selbstbewusstsein und Selbstachtung

Bücher über die Die Schildbürger

Das Schildbürger Buch anno dazumal - Eine moderne Neuerzählung der Schildbürger für alle Altersgruppen – mit entzückenden Pixelgrafiken
Es gibt zwei Ausgaben, als Besonderes die edle Geschenk-Ausgabe in Farbe und die ohne Farbe

Die Happy Ramadan Beleuchtung der Schildbürger-Partei - Schildbürgerstreich zum Fastenmonat

Weihnachtbaumverbot Kita: Die verrückten Entscheidungen der Schildbürger
Schildbürgerstreich Kindergarten: Wie der Weihnachtsbaum verbannt wurde

Bücher zum Thema Fianzen

Was sind NFTs? – 4 YOU die NFT-Anleitung

Geld verdienen mit Devisenhandel Forex Training